Lee Hyang-Ah

시인 이향아

온유에게

이향아 시집

온유에게

Poetics 시학

■ 시인의 말

시집의 제목을 『온유에게』로 결정한 후 마음이 이상하게 편안해졌다.

사람이 어떤 말을 좋아한다는 것은 그것이 부족하기 때문인지도 모르겠다.

목마른 사람이 물을 찾듯이, 허약한 사람이 보약에 의지하듯이. 내가 오랫동안 '온유' 에 마음이 쏠려 있는 것도, 아마 평생을 다가가도 다 채우지 못할 필수의 덕목이기 때문인가 보다.

여기서 밝히기도 민망하지만 이번 시집은 스무 번째다. 스무 번이나 시집을 내다니…… 왜 이리 부끄러운가.

나는 가끔 시집이 많은 것을 이렇게 변명하곤 했다.

"과녁에 명중시키지 못했기 때문에 계속 방아쇠를 당길 수밖에 없었습니다." 그러나 이것은 그냥 임시방편의 말일 뿐이다.

나는 언제부턴가 과녁이란 것을 염두에 두지 않았었다. 아니 나의 총신은 탄환이 장전되지 않은 빈총인 경우가 허다했었다.

실눈을 뜨고 저 멀리 그리운 곳을 바라보듯 겨냥하는 일, 방아쇠를 당길 때의 팽팽한 긴장감과 손가락으로 전해 오는 미세한 떨림, 탄환이 꽂힐 만한 거리를 두고 내가 지레 느끼는 진동, 그리고 이런 것들 때문에 달라지는 내 온몸의 포즈.

나는 이렇게 사소한 것들에 깊이 빠져 얽혀 있는 중이다. 그리고 확실한 것은 내가 계속해서 이 일을 할 수밖에 없다는 사실이다.

그러나 이번에도 나는 새로 시집을 발간하는 사람이 아니라, 마치 쓸쓸한 축제를 준비하는 사람처럼 마음이 헛헛하고 아릿하다.

늦여름부터 바쁜 시간을 내어 평론을 정성스럽게 써 주신 장경렬 선생님께 큰 빚을 졌다. 감사하다는 말조차 제대로 나오지 않아 더듬거린다.

이번에도 시집을 흔쾌히 제작해 주신 도서출판 시와시학에 감사의 인사를 드린다.

가을이 아름답게, 서둘러 깊어 가고 있다.

2014년 10월 초순
이향아

차 례

■ 시인의 말

■ 작품 해설 | 장경렬

제1부

식판을 들고 15
누룩 17
양재역을 지나며 18
밝은 시력으로 20
다듬는다 22
부탁이 하나 있어 24
금을 긋는다 26
밥을 푸는 아침 28
그럭저럭 지내기 29
독에 대하여 30
도장을 누르다 32
퇴행성입니다 34
떠돌지 않으리 36
들고양이 곁을 지나 38
바닷가 찻집에서 40
꿈을 꾸기 좋은 때 42

제2부

영동 3교 45
삼월이면 46
유통기한 47
젊은 아버지 48
모스크바 어느 날 50
외람된 일이지요 51
엄마, 나 배고파 52
이것은 진실이야 54
비바체 56
목숨 하나 58
온유溫柔에게 60
배롱꽃 그늘 62
아름다운 슬픔 64
떠나온 수평선 65
마음대로 하시지요 66

제3부

슬프기 전에 71
연鳶 72
어떻게 추락할 것인가 73
아멘이라고 하였다 74
연애 이력서 76
눈짓이라도 하지 78
떠나고 없다 80
여름을 보내며 81
오늘 아침 82
동면 84
무화과나무 85
변방의 문지기 86
은행나무 옆을 지나며 88
억새 89
나무 한 그루만 90

제4부

연두색 그늘 95
허락해야 할 때 96
나 거기 갔었어 97
가고 오는 일 98
폭설 99
죽을 때까지 100
스무 살 102
눈 내리다 104
11월에 105
하루하루 106
구경꾼 107
선달의 거리 108
세월 110
내가 없다 111
삭제할까요 112

제1부

식판을 들고

식판을 들고 줄을 서서 기다릴 때면
아무짝에도 소용이 없는,
진실로 하찮은 나를 만난다
더구나 그것이 돈을 받지 않는 공짜 밥일 때
소비에트 수용소
이반 데니소비치를 생각한다

그가 몰래 감추어 둔 200g의 빵을
천하에 부러울 것 없는
그의 행복을 생각한다
거기 대면 황제도 부럽지 않건만
왜 이렇게 마뜩치 않은가
겨우 밥을 먹기 위하여 서 있는 육신
밥이나 먹으려고 목을 빼는 정신
왜 이렇게 공복감은 때마다 와서
빈 그릇을 들고 차례를 기다리는 우리들은
너나없이 수용소의 무기수일 뿐
출옥할 날짜를 안들 무슨 소용 있으랴

다만 온순하게 복역 중이라는 걸 알게 된다

누웠든 앉았든 줄을 섰든 어쨌든
나는 언제나 식판을 들고 있다
줄을 서서 기다린다

누룩

모래내 시장 간판도 없지만
나 혼자 지어 부른 김제집에 가서
전라도 누룩 가루 틀림없냐고
그렇대도 두 번 세 번 다짐받아서
고봉으로 두어 되는 사 와야겠다
있는 듯 없는 듯 나를 버무려
아랫목에 이불 쓰고 포옥 잊어버리면
삭아서 동동 떠오를 테지
한 고비 넘을 때면 숨이 가빠도
두 손 들고 말갛게 가라앉을 테지
웬만하면 예, 예 껍질을 벗고
미련한 고집불통 얽히는 생각
두 눈 따악 감고 던져 버리면
이름 없는 향기로 피어날 테지

양재역을 지나며

말죽거리 지나서 헌인릉으로
아마 3학년 가을소풍이었겠다
지금은 땅속까지 실핏줄이 엇갈리고,
터진 난장 같은 양재역 근처
그때는 말죽거리 구수한 들판에
해는 논둑길에 빗금으로 쏟아지고
푸석푸석 흙먼지가 발등을 묻었었지

민주화의 파도에 쪽배처럼 흔들렸던,
우리들의 젊은 날 울렁거리던 그 하루
김 교수님은 일찌감치 술이 취해 울었고
남학생 두엇도 따라 울었어
그것밖에 아무것도 남은 게 없는
민숭민숭한 가을 소풍
무엇을 배웠던가 깡그리 잊었지만
강 언덕 마른 풀도 이슬에 젖는
존경하는 교수님의 흐느낌 소리

날이 저물고
질펀히 기대고 싶은 옛날의 말죽거리,
양재역 근처에서
나도 한번 소리 내어 울고 싶은 날이면
공연히 이리저리 기웃거린다

밝은 시력으로

그렇게 멀 수 있을까
시력 '8.0' 초원의 몽골 사람들은
궁금한 훗날 너머 저승까지도 볼 수 있을까
아침 설거지를 할 때 바로 앞 동을 바라보는 것만큼
앞 동의 7층 남자가 아령을 올렸다 내렸다 하고
그 집 아내가 빨래 너는 걸 보는 것처럼
정말 그럴까, 눈이 밝은 사람들은

마른 모래바람에 볼이 튼 계집애들이
천막집 천장에서 쏟아지는 별을 줍듯
백 리 밖 지평선을 끌어당기며
무릎 펴서 달려오는 짐승의 무리
말과 염소와 양과 소를 똑똑히 갈라서 셀 수 있을까

백내장 수술이 끝나고 병실로 올 때
'아주 자알 되었어요' 장담하던 의사는
공식에 맞는 정답을 썼을 테지만
정작 나는 가로세로가 구겨진

이상한 진실을 본다

8.0을 향하여 몽골로 갈까
몽골로 가서
주름 잡힌 각막에 인두질을 할까
지평선, 지평선 파도를 타고
들판에 희희낙락 낙엽처럼 뒹굴까
정말 그럴까, 몽골로 가서
밝은 천지 다시 찾아 데려오진 못해도
먼 옛날 어떤 나라 이야기라도
진득하니 눌러앉아 기다려 볼까

다듬는다

먼지 땟국을 씻어 내고
티와 검불은 털어 내고
껍데기는 벗겨 냈다

대가리 끊어 내고
꼬랑지 잘라 내고
비늘은 거슬러
남는 게 없다

다듬는다는 것은
돌려 세운다는 것
눈도 코도 없는 벙어리
가운데 토막
그것만 겨우 살려 두고서
팔팔하게 휘젓던 팔다리를
깡그리 묻어 잊어버리는 것

없앨 것이 무엇인지

아는 사람만이 다듬을 수 있다
‘많이 걸러 냈어요’
나는 이 말에 몸을 떤다

떼어 내고 걸러지는 찌꺼기의 외로움
눈물콧물 흘리면서 파를 다듬는다

부탁이 하나 있어

부탁이 하나 있어, 내 후회를 받아 줘
비밀의 통로 암호를 일러 줄게, 나를 감시해 줘
지금 웃을 땐가, 이게 웃을 일인가
기쁨은 언제나 슬픔보다 유치하지
현란하게 손짓하는 욕망의 미로
그와는 발을 끊고 돌아갈 거야
아주 그윽하게 글썽이고 싶어

이렇게 절절한 적은 없었을 거야
애초의 이름으로 날 불러 줘, 헛바람 들기 전의
막다른 골목 끝집 등잔불 희부연 문간방에서
머리 감아 빗고 귀를 밝힐래
아무 때나 번쩍번쩍 손을 쳐들고
재주넘듯 입신하는 건 질색이야
부끄러운 출입은 이제 그만두고
꽃 같은 가슴 향기로운 피
성근 미루나무 반짝이는 햇살 따라
어쩌면 영영 오지 않을 수도 있지만

목을 늘일 거야,
갈맷빛 미완의 그리움 찾아
천천히 돌아가고 싶어
미안해, 나를 좀 지켜 줘

금을 긋는다

'반듯하게 긋는구나'
이제는 칭찬할 사람도 없는데
돋보기를 쓰고서 금을 긋는다
다시는 돌아설 수도 없고
뒤집을 수도 없게
못을 박은 시늉이다

진종일 쫓아다니던 그림자도 잦아들고
피어오르던 안개도 차분한 저녁
나만 외롭게 두드러져서
확실한 대답이 얼마나 부질없는지
금을 긋는 일이 얼마나 위태로운지
알 수 있을 것 같다

그럭저럭 참을걸
발 딛을 언덕 하나 남아 있지 않은데
눈을 감고 부엉이처럼 얼버무릴 걸

죽고 사는 일이라도 되는 것처럼
삐뚤빼뚤 기를 쓰고
금을 긋는다

밥을 푸는 아침

눈은 뜨면 새벽마다 살아 있어서
창문 열고 들이키는 천금의 바람
다시 밝은 하루가 분에 넘친다
날마다 한 눈금씩 다가서는 대모산이
장삼같이 검푸른 깃을 펼치고
너도 일어나서 펄럭이거라
흔들어 나를 채근하지 않는다면
이대로 아주 깊이 가라앉을 것 같다

돌아앉아 후미진 골짜기지만
해 아래 사는 것이 이렇게 눈부신데
사느냐 죽느냐 가슴 터질 거야 없지
잊어버린 노랫말을 생각하면서
간간히 콧노래도 흉내 내다가
다시 마음 다잡고
밥을 푸는 아침

그럭저럭 지내기

그럭저럭 지내네
다 덕분이지
크고 작은 회오리야 어찌 없겠는가만
뒤집어지거나 가라앉지 않고
얼추 절반 넘게 건너온 셈이네

그럭저럭 지내기도 쉽지는 않네
질풍처럼 떠올라서 번쩍거리는
그런 일은 애초부터 바라지도 않지만
섭섭하면 섭섭해도 끄덕이는 하루하루
고맙지

늙은 산이 제 치맛자락에 얼굴을 파묻고
보라색 안개로 질척거리는 저녁
공으로 바라보면 눈이 멀 것 같아서
나 지금 묵념으로 다스리는 중이네
아무래도 죄를 짓고 있는가 싶네

독에 대하여

지네에게는 두 개의 더듬이와 수십 쌍의 발, 이빨에는 비밀의 독이 있어서
제 몸의 서른 배나 되는 도마뱀도 겁나지 않는단다
그로 힘을 뽐내고 꼼짝 못하게 휘두르는 독, 나도 가끔 지네가 부럽다

자식이 끼니를 거르고 고집을 부리면서
꺾이지도 흔들리지도 않을 때
'저 독한 것!' 부모는 한 발 물러난다
다른 사람을 쓰러뜨리고 저 홀로 강한
남을 울리면서 저 홀로 편한
그러나 다 이긴 다음에는 스스로를 죽이는 독

지네는 도마뱀을 잡아먹고 더 독해지고
독해질수록 허기는 빨리 찾아와 그것으로 마침내 저를 말릴 것이다 그것은 화살일까 방패일까 갈수록 독을 지니는 것들이 많아진다

내게도 모르게 독이 올라 있을까
수시로 부푸는 내 몸이 수상하다
수시로 역겨운 내 마음이 수상하다
수상하다,
걸핏하면 섭섭하고 걸핏하면 서러운 내가 수상하다

도장을 누르다

도장을 누르라고 문서를 들이대면
가슴이 알고 먼저 눌린다
옛날 사글세 자취방을 계약할 때부터
모처럼 내 집을 장만할 때는 말할 것도 없다
선산을 몰래 팔아먹는 것처럼
혈서라도 쓰는 것처럼
핏방울 맺힌 손가락
가끔은 헛것이 둔갑하는 요지경에 속지 않으려고
정신 바짝 차리고 도장을 누른다

오래 쓰셨네요
그 사람이 내 도장을 보고 감탄하였다
예, 50년은 넘었을 겁니다
나는 마치 역사의 길이로 한 가락 덤빌 것처럼 말했지만
오래된 것의 향기를 그도 알고 있을까
오래된 것들의 눅눅한 그늘
그늘 속에 숨은 동록과 이끼

허물없는 관계를 아는지 몰라
오래된 것이 아직 소용은 있는지 몰라

그 사람의 도장은 크고도 묵직했다
까닭 없이 주눅 들어 울렁대는 가슴
앞뒤로 흔들면서 인감도장을 눌렀다
많이 닳아 벌겋게 힘을 줘야 했다

퇴행성입니다

지하철 3호선 1번 출구로 곧장 나가면
마주치는 간판이 있다, ㅇㅇ신경정신과 병원
집으로 휘어드는 골목 어귀에서
엿보는 사람 없는지 휘휘 둘러본다

사는 게 시시해요, 다들 우습게 봐요
의사는 서슴없이 선고를 내릴 거야
무쇠도 주저앉아 삭아 버릴 말
'퇴행성입니다'

어림도 없지
그럼 절정은 언제였느냐,
그것이 내게 있기는 했느냐,
나는 찬란한 꼭짓점을 그리워하면서
무섭게 그를 닦아세울 것이다

마파람에 구린내 풍기듯 빨랫줄마다
아무개가 미쳤단다, 소문이 널리겠지

기어코 미치고야 말겠지
정말로 깔보겠지
그러다가 죽겠지
죽기 전에 벌써 죽고 없겠지

서울 메트로 3호선 내렸다 하면 거기
그냥 못 본 척 씩씩하게 지나간다
퇴행성을 넘어서 활개 치며 전진한다

떠돌지 않으리

걷다가 뛰다가 날고 싶어질 때는
망설일 것 있는가, 서울역으로 가야지
거기서 장항선 열차를 타야지

차창에 기대어 눈을 감으면
동네 모퉁이 허름한 가게
어느새 거기 도착해 있으리
귀먹은 홀아비의 외동딸 순례
불러서 손잡고 집으로 가야지

한약방 간판 걸린 골목 어귀의
가다가 엎드리면 벚나무 그늘
비 갠 나무 아래 버찌를 줍고
아버지가 매어 둔 그네에 앉으면
한꺼번에 수십 년이 흔들릴 거야

나 다시는 깨어나고 싶지 않아
속이 울컥 치오르면 서울역으로 가야지

거기서 진득하게 기다려야지
천둥번개 불러도 대답하지 않아야지

들고양이 곁을 지나

들고양이들은 내가 어떤 인간인지 알고 있나 보다
좀처럼 거래가 되지 않을 것을, 감히 거래라니 엄청나지
인간의 어마어마한 열등감, 좀처럼 말을 틀 수 없는 소견머리, 그 낌새를 알고 있을 것이다
저녁 먹고 천변을 걸을 때 여섯 번째 다리 살구나무 근처쯤에서 새끼들을 거느린 그들의 산책은 유유하다
나비야, 나비야, 어쩌구저쩌구 인사를 하는 사람도 있지만
다 쓸데없는 짓, 속을 꿰뚫어 보며 갸르릉거리는 그들의 소리는 도도하다

나를 제일 야코죽게 하는 것은
우리 집을 나간 개들도 들개가 되었을까
들개들이 쑥덕거리는 말을 들고양이가 들었을까
그들은 내 시선이, 두려움에 떨고 있다는 것을 오래전부터 눈치채고 있는 것 같다
나를 무시하는 건 당연하지, 인간이면 다냐고 쳐다

보지도 않는 건 당연하지
하기야 쳐다보아도 별 수 없다 나는 그들과 도저히 눈을 맞출 자신이 없으니까
생명이란 애초에 화려한 모험
우리는 사람과 짐승이 아닌, 살아 있는 자와 살아 있는 자
창피를 무릅쓰고 고백하지만 날카롭게 펴지는 그 눈의 광채를, 요망한 울음소리를
도저히 그 짐승을 나는 감당할 수가 없다

바닷가 찻집에서

바다가 끝난 곳에 깃발이 꽂혀 있고
거기서부터는 소금밭 수십 리
바람이 불 때마다 찻집의 유리창은
간국이 마르는 소리로 사각사각 흔들린다

희부연 하늘 수천 마리 저 새떼 좀 봐
치올랐다가 내려앉았다가 일순에 돌아서는
비밀 구령의 분열식 좀 봐
저들은 필경 귀가 밝아서
지금 내가 침을 삼키는지
물을 마시는지도 알 것이다

점자를 찍듯 기억의 자판에
나는 오늘 새로 배운 낱말을 찍고
글자가 찍힐 때마다 새처럼 지저귄다
말갛게 우러난 캐모마일 찻잔에
숨죽인 울음처럼 가라앉은 노을

날아간 새들은 다시 돌아오지 않을 텐데
나 이리 어리석게 무료해도 되는가

꿈을 꾸기 좋은 때

눈을 뜨면 버릇처럼 목이 마른 새벽
낯선 객지, 썰물 진 개펄처럼
무른 가슴에 불을 켜라 하네

숲을 따라 다소곳이 숙성한 강물
신발 속에 따라온 모래알처럼
서걱대는 근심 몇 개 남겨 두라 하네

강물 따라 깊어서 그윽해진 숲
패인 웅덩이에 새물 고이면
손바닥 오그려서 받으라 하네

서북풍은 내일쯤 비를 몰아온다지만
날씨 같은 것이야 아무러면 어떤가
아직은 꿈을 꾸기 좋은 때라 하네

제2부

영동 3교

저렇게 옴짝달싹 막혀 있는 걸 보면
아침 여덟 시 혹은 아홉 시
문을 열 시간들이 가까웠나 보다
오늘은 더구나 월요일
죽전에서 분당, 내곡터널을 지나
성수교로 청량리로 뻗치는 핏줄
내 팔다리에 쥐가 나고 저릴 때면 으레
서울 시내 큰길들도 막혀 있다

펄펄하던 친구가 관상동맥을 뚫었다는데
정신은 아직 멀쩡해도, 누워 있어야 한다는데
이른 아침 안개를 쓰고 밀리는 차들이
눈에 불을 켜고 기다리는 영동 3교
나는 베란다 창문으로 내다보면서
고지혈증 하루 한 알
카듀엣을 삼킨다
내 온몸을 점령한 적체된 찌꺼기가
이제는 쓸데없이 거리로 나가
저렇게 여러 사람을 고생시키나 보다

삼월이면

삼월이면 딸 하나 낳고 싶다
'삼월' 이라 말할 때 공평하게 퍼지는 입모습처럼
삼월, 삼월 부를 때 향기롭게 울리는 닿소리처럼
봄소식 잔잔한 딸 하나 낳고 싶다
어림도 없는 소리, 꿈도 꾸지 마
열두 달 매달려도 대답하지 않을 거야

살구꽃빛깔인가, 저 보얀 살결 좀 봐
산등성이는 수런수런 마을로 내려오고
양지쪽 풀섶도 옷자락을 잡아끌어
얼음장 잦아드는 음악 소리에
축전처럼 수선화가 피어나는 저녁
삼월이면 뜬금없이 딸 하나 낳고 싶다

유통기한

말이야 한마디씩 잊어버려도 돼
쓰레기가 되기 전 제 발로 나간다면
차라리 홀가분하지 않은가

유통기한이 지난 토마토케첩, 마요네즈소스
아까운 들기름을 버리면서 망설였다
오래된 것들과 동거하기 좋아하는 나는
제 사용 한도를 짐작이나 하고 있는지 몰라

잊어버린 말에 짓눌리고
버려도 되는 것에 가슴 에이다니
그럼 헤어지기 좋은 때란 있는 것인가
돌아서고 돌려세우기
왜 이리 어려운지 모르겠다

젊은 아버지

서른여덟, 진초록 눈이 부신 나이에
아버지는 왜 그리 서둘렀을까
올해도 변함없는 서른여덟 살
젊으나 젊은 아버지가 내 이름을 부를 때면
나는 이내 여남은 살 철모르는 아이다
그해 7월 가뭄은 들불처럼 너풀거려
땡볕에 호박잎은 걸레처럼 늘어지고
명산동 흙먼지가 눈앞을 흐려
아버지의 목소리도 가물가물 잠겼다

해마다 여름날 황혼녘이면
타관의 자갈밭을 혼자 헤매다가도
마지막 내 이름을 부르던 소리
나를 불러 일으켜 세우던 소리
월명산 꼭대기 돌탑 위로 솟아
외로움의 절정에서 눈을 감은 아버지가
망망대해 풍랑에 노를 젓던 아버지가
아름다운 뱃노래를 가르쳐 준 아버지가

내 이름을 부르면서 온다
여름날 황혼이면 절뚝이며 온다

모스크바 어느 날

창밖으로는 이상한 향내가 빗금으로 쏟아지고
페인트를 새로 칠한 벤치에는 아무도 없다
바람은 주름을 잡으며 누군가를 기다린다
3층 지나 5층으로 나날이 가지 뻗는 자작나무 그늘로
알로샤가 지나가고 미하일, 안드레이가 지나간다
소냐와 라리사, 나타샤도 지나간다
이상하다 요 며칠 스크린에는
왜 하루 종일 저들이 판치는가?
식탁에는 오이무침, 미역국.
쿨럭이는 마른기침도 한국식인데
왜 저들만 눈앞에서 얼씬대는가
레닌스키 쁘로스뻭뜨 번지수도 모르고
갇혀도 한 닷새 나그네일 뿐이지만
러시아 선교사는 거리를 누빌 시간
강철 북을 두드리며 대문마다 흔들겠지
나는 말 한 마디 할 줄도 몰라
삐걱거리는 모스크바 창문이라도
우선 그것이라도 활짝 열어젖혔다

외람된 일이지요

외람된 말씀이지요
지금 나는 몹시 추운 것도 같고
미열에 들떴는지 목도 좀 마릅니다
알고 있는 말은 몇 마디 안 되지만
돌아보는 그림자가 길게 드리운
뒷마당에 울렁대는 늦가을 햇볕
이만하면 나도 넉넉한 편이지요

회리바람 쓸려 오는 사막의 둔덕에서
눈이 멀었을까요
오로지 한길밖에 보이지 않았다니
어쩔 수가 없습니다
용서하십시오
그 이름을 외우며 살고 싶은 어리석음을
시를 쓰다 죽고 싶은 이 맹목을
아무리 생각해도 외람된 일이지요

엄마, 나 배고파

신호가 바뀌기를 기다리는 네거리
시간도 오후 네 시 반,
흐느적흐느적 인적은 한산하였다
곁에서 전화를 하며 걷는 중학생인가
초등학생인가 투정하듯이 말했다
"엄마, 나 배고파!"
별것도 아닌 그 말에
가슴이 뭉클 막히는
눈앞 뿌옇게 휘청거리는
이런 증세를 무엇이라 하는가
오후 네 시 반, 아직 때도 아닌데
갑자기 속이 출출하였다

신발을 벗자마자 방문을 밀고
나도 그렇게 소리칠 수 있었으면
"엄마, 나 배고파!"
나 집을 잃어버린 지 오래되었구나
배고프지, 밥 먹어라

아무도 상관하지 않은 지 오래되었구나
자식들은 소원대로 커 버리고
크더니 제 발로 빠져 나가버리고
내게 밥을 달라 하지 않은 지도 언젠가 몰라
이제는 모두들 엎어져서 행여 제 새끼들 배고플까 봐
아무 정신들이 없다

이것은 진실이야

조리를 흔들어서 쌀을 일듯이
물은 빼고 건대기만 채에 건지듯
건너온 시간들은 잊어버리자
깡그리 잊어버리고
아무 일도 없었던 거야
우리는 애초부터 몰랐던 거야

가라앉은 앙금은 견딜 수 없어
바람도 자고 새소리도 멈췄는데
어쩌자고 끝끝내 돌이 되려 하는가

천 사람이 천 마디로 만류한다 해도
묶어두고 싶지 않아,
보내고 싶어
세상에는 초연한 이별도 있어
하늘이 쏟아질 듯 부릅뜨고 있든지
불길 같은 눈으로 내려다보든지
부디 마음 놓고 날개를 펴!

화창하구나

이것은 진실이야
나의 전부야

비바체

암스테르담 스히폴 공항에서
나팔 소리 구슬픈 흑인 가수 루이 암스트롱을 생각한다
암스테르담과 암스트롱,
암스트롱과 암스테르담
소리는 비슷해도 얽힐 까닭이 없는데

암스테르담 튤립밭 물길은 넉넉하고
풍차는 천천히 제 길을 도는지,
암스트롱 폐활량은 아직 무탈한지,
우연히 짝이 된 암스테르담 그리고 암스트롱

뚱뚱한 여자가 시중을 드는 이코노믹 창가에서
승무원 시험 낙방에 지친 수경이를 생각한다
혼기를 놓쳤지만 단정한 얼굴
정신없이 쏟아붓는 이 나라의 음악처럼
수경이는 비바체,
암스테르담 비바체, 암스트롱 비바체

열정적으로 화려하게 아름답구나,
비바체를 향하여 몰려드는 말들

목숨 하나

그해 겨울 이사할 때 오래된 선인장 화분 하나를 박살내고 말았다
괜찮아, 그것 하나쯤 나는 애써 마음을 가라앉혔다
지독한 삼동에 어찌 다시 살아나길 바라랴 희망을 버렸고 그 또한 목숨을 구걸하지 않았다

놀라워라, 오늘 만난 그는 엉뚱한 곳에 수년을 웅크려 있었구나
웅크리고 있으면서 새끼까지 쳤구나
그 통에도 애를 품다니 대단하구나

콱 죽어 버릴 거야, 이까짓 목숨
나 하나 없어지면 그만이야
걸핏하면 들이대는 칼 같은 말들
댕강댕강 잘라 내는 막판의 말들
나 하나 없어져도 끝이 아니다
자식은 그 자식에게 그 자식은 다시 자식에게

누가 감히 치사하다 하는가
이룰 수 없어 유전하는 꿈
눈물겹도록 아름다운 목숨

온유溫柔에게

교실 맨 앞에, 태극기와 나란히
'온유溫柔' 라는 급훈부터 진하게 내걸었다
이제 막 큰 바다로 돛을 올리며
나를 순전하게 타이르는 말
춥고 외로웠던 그 시절의 불빛

막다른 벼랑에서 짐승을 만났을 때
자다가도 쫓기어 몸부림칠 때
온유여, 그대 홀로 견딜 수 있는지
'험산을 잘라다가 바다를 메우자' 고
남들은 소리소리 기염을 토하는데
진실로 괜찮은지 의심도 하면서

알고 있는가,
겨울이 깊어 갈수록
닫힌 문들을 더 굳게 잠갔어도
얼어붙은 땅 은밀한 깊이
거기서는 무슨 일이 일어나고 있는가를

밀물참 개펄의 도요새처럼
윤삼월 반짝이는 대추나무 새잎처럼
밝아 오는 창문 앞에 눈을 감고서
두 손바닥 오그려 햇살을 받는다
거기 담기는 노래의 곡조를
이제야 조금씩 알 것도 같은
해도 이미 홍얼홍얼 저무는 들판에서
온유여, 그대는 아직 무사하신가

배롱꽃 그늘

산등성이 배롱꽃이 하롱하롱 흔들렸다
물에 젖은 소맷자락 높이 들어서
이제 오느냐 나를 불렀다
배롱나무 몇 그루 심어 놓고서
어머니를 버리고 산에서 내려온 후
무너져 내릴 듯 아슬아슬한 여름

석 달 열흘 소원은 한 가지뿐이라고
열 손가락 마디마다 불을 켜 달고
평생의 그 기도를 잊어버리지도 않고
앞뒷산 메아리로 다시 보는 배롱꽃
내 어머니 뼛가루로 피어나더니
세상에서 진하고 제일 예쁜 진분홍

부끄러이 다가서서 더듬거렸다
눈물로는 용서를 빌 수 없어요
고요에 흔들리는 듯
고요를 흔드는 듯

배롱꽃 그늘로 스며들었다
배롱꽃 그늘에 나를 묻었다

아름다운 슬픔

바람에 잎 지듯이 따라가다 보면
저녁 들길은 눅눅하게 가라앉고
새들은 숲을 향해 사무칠 듯 날아간다

파장의 하늘 끝에 피를 쏟는 구름
참지 못할 울음처럼 피어나는 노을
그만큼 알아듣게 타일렀지만
한 가지로 목매달아 기다린 것은
저토록 눈부신 슬픔이었구나

개망초 검푸른 그늘을 딛고
출렁대는 가슴으로 겨우 그걸 알기까지
너무나 어리석게 헤매었구나

긴 숨 모아 바라본다
아름다운 슬픔

떠나온 수평선

바다는 노을 속에 빠져 있었다
두꺼비 집을 헐었다가 짓고
지었다가 다시 헐며
시간은 모래톱에 지천으로 뒹굴었다
머리칼 쓰다듬고 잦아지는 안개 때문에
무너지는 어깨를 더 깊게 오그리고
더는 아무 말도 소용이 없었다

그까짓 것쯤이야 아무것도 아닌가
죽고 살 일이 아니라고 하는가
사무칠 듯 기를 쓰고 춤을 추는 물새
허옇게 바스러진 조개껍데기는
떠나온 수평선을 목이 말라 더듬었다
무엇이 가슴을 절벽처럼 막았다
알고 있는 말이 한마디도 없었다

마음대로 하시지요

염치가 없지만
이제 돌아왔습니다

마당 귀퉁이엔 쇠비름이 욱고
서까래에 걸린 하늘도 기우뚱합니다

바닥 모를 어둠, 길고 추운 밤을 지나
어지러운 손금의 빈주먹을 폅니다

골백번 뉘우쳐도 어리석었습니다
지금 나는 죽기보다 부끄러워서
다만 처분만 기다리고 있습니다

그믐으로 가는 달은 너그럽게 흐르면서
그만 가라앉아라, 맑아져야 한다
조용히 아프게 타이르지만
화살 맞은 가슴처럼
나는 뜨겁습니다

주저앉히시든 세워 두시든
마음대로 하시지오
벌하시든, 용서하시든
이렇게 처분만 기다리고 있습니다

제3부

슬프기 전에

들을 때는 건성으로 긴가민가했더니
두 눈에 시퍼렇게 불을 켜고서
당신이 바로 당신이구나
해 다 저물어야 알았습니다
어느 훗날 눈도 흐려 분간할 수 없으면
온 정신 가라앉혀 곡진한 마음을
울음보다 더 붉게 소리치겠습니다

넋도 혼도 흐늘흐늘 아주 미쳐 버리면
설마하니 그런 날이 오고야 말까

오더라도 손짓발짓 시늉을 해서
당신이야 알겠지요
전하겠습니다

내가 그렇게 슬프기 전에
아마 나는 세상에서 없어질 것입니다

연鳶

풀 먹인 명주실로 나를 묶은 당신은
실한 날개 한 쌍도 함께 주었습니다
우리 사이 이어진 길고 긴 핏줄로
새처럼 솟구치는 목숨의 자유
눌렀던 소원을 대양에 놓아
나는 지금 전류처럼 사무칩니다
팽팽한 얼레에 몸부림칠 때에도
유유히 풀어서 허락할 때에도
나는 오로지 당신의 연鳶일 뿐
벽공에는 바람이 휘파람을 불고
나는 지금 온몸으로 흐느낍니다
당신이 놓거나 내가 놓치거나
뿌리 없는 연기처럼 길을 잃는 일
꿈에라도 그런 일은 없을 것입니다
나는 지금 어지러운 황홀에 잠겨서
날개 펴 얼 바쳐 춤을 추고 있습니다

어떻게 추락할 것인가

준비!
총소리가 터졌다
날아가든 추락하든
둘 중 하나다

숨 쉬기도 두려운 살얼음판에서
지금 오직 사무치는 생각은
어떻게 추락할 것인가
헝클어진 난장의 쑥대밭에 떨어져도
다시 일어설 때는
옆모습 가지런히 몸을 반쯤 비켜야지
초승 지난 달처럼 푸근하게
그렇다고 실없이 번지지는 말고
오로지 그것 때문에
자나 깨나 고달프게 연습하는 중이다

아멘이라고 하였다

나는 오로지 '아멘' 이라고 하였다
그것이 단 하나의 소원이라고
그렇게 될 것을 믿는다고
우러러 약속하겠노라고
끝끝내 결심했노라고
나는 지금 흐느끼듯 아멘을 외친다
하늘 아래 부끄러운 일을 저지르고서
엎질러진 물을 주워 담을 수 없을 때
배웠던 천 마디 말을 다 잊어버리고
한 치 눈앞을 분간할 수 없을 때
나는 마지막을 고하듯
'아멘' 을 부른다
아멘은 나의 방언,
나의 눈물,
내 어여쁨
아멘은 나의 칼,
나의 소금,
내 좁은 길

벙어리 되어, 소경이 되어
천지분간 못하고 헤맬 때에도
나 아멘, 아멘 할 줄을 알아
겨우겨우 이만큼 살아남았다

연애 이력서

산골 마을 이름 없는 훈장의 딸로
걸핏하면 글썽대어 귀찮던 눈물
초동의 구슬픈 풀피리 소리에
달을 두고 별을 두고 맹세하였다

밭두렁에 엎드려 쑥을 캐는 봄
나무꾼 지게 위에 흔들리던 두견화
산모퉁이 돌아서 사라진 후에도
가슴에 얼비치어 울렁거리고
수군대는 소문이야 지나가면 그뿐

충직한 머슴을 새겨 두었다가
눈빛을 맞추어 약속한 밤에
보따리 싸 들고 도망을 쳤지
온 동네 발칵 뒤집히던 난리

그 자리에 목을 매어 죽어 버릴까
검푸른 저수지 물귀신처럼

이를 앙다물고 뛰어내릴까
익모초 생즙보다 쓰고 진하게
피어나던 그 봄
평생의 절정

눈짓이라도 하지

말이라도 하지
땅이 끝난 벼랑까지 함께 가자고
영원까지 여기 서서 기다리겠노라고
천금의 촉수 같은 젊은 그 날들
어리석게 망설이다 놓쳐 버리다니

반듯이 세운 고개, 정정한 무릎으로
땅 위를 걷고 있는 푸르른 나날
던져도 금가거나 깨지지 않을
되돌아온다 해도 아프지 않을
한마디만 할걸,
네가 좋다고
추억하기도 호사로워라
목소리 가다듬어 불러 볼 수 있을 텐데

마지막 헤어지던
골목 어귀에서
머뭇거리며

더듬거리며
너랑 함께 늙고 싶어
눈짓이라도 하지

떠나고 없다

서울 시내 수백 집 수도관을 깨고도
하늘은 열흘 넘게 얼어붙었다

삼한사온까지 언제 없어졌는지
인내는 쓰지만 열매는 달다는
오래된 우리들의 믿음
그것 또한 계약이 만료되었다

이제는 두 귀를 당나귀처럼 세워
어느 골짜기 구들장 밑을 흐르는
한밤의 울음소리를 들어야 할 때
파닥이는 새가슴에 입김을 불어
꺼져 가는 어린 숨을 일으켜야 할 때

높은 산들은 갈수록 날 에워싸고
겨우 길들여서 익숙한 것들은
시나브로 하나둘 떠나고 없다

여름을 보내며

절정은 지나갔다
8월은 이제 만만한 풋내기가 아니다
말복을 향하여 불을 뿜던 칸나도
제풀에 지쳐 목이 잠기고
감출 것도 머뭇거릴 것도 없는
그렇다고 으스대지도 않는
이미 판가름이 난 굿판

발표가 남았어도 조바심하지 않는다
결과야 우리가 다 아는 바와 같을 것
두근거림도 가라앉히고
평온하게,
아주 평온하게 익어 가는 대낮
햇발은 느긋하게 그림자를 늘인다
그래도 매미는 죽을힘을 다해
최후의 공연을 부르짖는다

오늘 아침

이제 그만 수렁에서 빠져나와야지
혼신으로 몸을 일으킨다
집요한 만단의 유혹을 뿌리치고
미끄러운 진창의 헛발을 이기고
삶은 이제부터 시작이니까
어제까지는 아무것도 아냐,
무효라는 듯이

아침에 눈을 뜰 때마다 처용랑을 생각한다
동해에 솟은 푸른 달을 태우며
새도록 미쳐서 춤을 춘 것은
기적의 아침을 알고 있기 때문
그것을 철석같이 믿기 때문이다

울어야 할 일은 아직 남아 있는데
창밖에는 비가 오고
자양분 많은 지난밤의 어둠이
결심한 듯 각오한 듯 접신이 들어

어쩔 수 없는 막다름에 던졌던 몸을
죽어라 되살려 세우나 보다
움이라도 새로 틔우려나 보다
오늘 아침 뼈마디마디 맑은 피가 돈다

동면

스테인리스 칼날처럼 날선 하늘에
가창오리는 날개를 펼 수도 없다
하필이면 금강 하류에 독감 앓는 그들이
수백 마리 실신해 있다는 소식이 들리는데
나는 왜 새들의 말을 알아듣지 못하나
그 유순하게 빛나는 깃털을
내가 아무리 끔찍이 여긴들
지금 무슨 소용이랴

사흘짼가 나흘짼가 날 아무도 찾지 않고
이대로 침몰할 듯 날이 저문다
부르고 싶은 이름 하나 떠오르지 않는
어둡고 긴 동면
겨울 지나면 봄이야 올 테지만
저 가창오리들은 어떻게 되나
산 채로 파묻힌다는 것이 이런 것인가 보다
어느 집 초인종을 눌러야 할까
빈손으로 지쳐서 돌아오고 말 것이다

무화과나무

목포까지 왔으니 유달산은 봐야 한다고 하고
온 김에 삼학도도 들러 가자고 하였다
삼학도에는 노벨평화상기념관이 있지만
아무도 차에서 내리자고 하지 않았다
노벨상이 무엇인지 모르는 사람들처럼
평화가 무엇인지 모르는 사람들처럼
전세버스는 때를 맞춰 볼륨을 높였다
이난영의 목포의 눈물이 간드러지고
몇 사람이 따라서 흥얼거릴 뿐이었다

"저게 무화과나뭅니다"
누가 느닷없이 창밖 저쪽 비탈을 가리켰다
꽃이 있다느니 없다느니, 한참 시끄러웠다
11월 하순 바닷바람에
누렇게 시달리는 무화과나무를
우리는 멀리서만 바라보았다
무엇인가 떳떳하지 않았다
무엇인가 자꾸만 미안하였다

변방의 문지기

이름을 물으면서
쓰다듬듯 하나씩 그 이름을 외우면서
천천히 숲길을 걸었습니다
나무들은 정정한 두 팔로 창공을 받들고
열손가락 양산처럼 펼치고 섰습니다

이불 속에 다리 뻗어 뿌리를 얽으면서
마음 놓고 어우러져 울울하였습니다

돌아오는 길에 새 소원 하나 빌었습니다
맑은 영혼 하나만 좋이 지켜서
나무 나라 변방의 문지기가 되게 하소서

평생을 선 채로 잠든다 해도
말없이 기다려 순명하는 나무,
오로지 나무만 되게 하소서

잎사귀가 흔들리면 초록 종이 울리고

최초의 허락처럼 퍼지는 코러스가
내 가슴 과녁 저 깊은 안창까지
막힐 듯 뚫릴 듯 소용돌이칩니다

은행나무 옆을 지나며

옷 빛깔 괜찮은가, 모양새는 어떤가
거울 앞에서 한참이나 머뭇거린다
지금은 가을이고, 더군다나
은행나무 곁을 지나가야 하니까

공작이 진저리치며 꼬리를 펼칠 때처럼
나 지나갈 때를 기다려
비밀한 절정을 토설할 것처럼
일제히 술렁이는 수만 개의 잎사귀

그중 어떤 것은 폭삭 늙어서
병이 들었나, 다가가 보았다
아, 암나무구나
치다꺼리할 새끼들만 매달렸구나
알맹이는 하나씩 내보내고
빈껍데기만 남아
지레 늙지 않고서야 어쩌겠는가

억새

바람이 밀어붙이는 대로 순하게 쓰러져
두 팔로 하늘이나 쓰다듬을 뿐
억새는 한 번도 억센 적이 없다
허튼 일 한 번도 꿈꾼 적이 없다

반짝이는 은발이 호사스러워
바람은 여기서
당장 지금 대답하라 보채고
나를 사랑한단 그 말 믿어도 될까
실속 없는 뜬소문에 귀가 운다

눈앞 캄캄할수록 혼자 가는 길을 알아
고집도 없이 흔들리는 억새
버리고 떠난 들판 휑하니 넓어지면
고개를 더 깊이 제 가슴에 묻는다

나무 한 그루만

죽은 담에야 무슨 소용 있겠는가
그래도 나무 한 그루만 심어 달라고 하였네
다시 사철 푸르기란 힘에 부쳐서
돌아설 때 돌아서는
꽃이 이울면 잎도 지는
낙엽수 한 그루만 심어 달라 하였네

살아 있던 날들은
사방이 홍건하게 넘치는 바다였고
바닷물 끓고 달여 소금밭이 되었어도
죽은 다음 나 어떻게 지내나 보고 싶으면
속는 셈 치고 심어 달라고 하였네
비로소 쉬엄쉬엄 사귀고 싶은 나무
심심할 때 스며드는 고마운 나무
우리는 서로서로 목숨을 늘일 것이네
혹시 아는가
그러다가 우리,
같은 꿈을 꾸게 될지 모르지

낙원에 닿기 전 어느 좁은 골목
영원의 밑바닥 어디쯤에서
합수할 수 있을지도 모르지
다 싫고
나무 한 그루만 심어 달라고 했네

제4부

연두색 그늘

풀냄새 번지는 여름이었지
유행하던 꽃무늬 원피스를 입고
오래된 종 앞에서 사진들을 찍었지
그중 한 사람은 일찍 잠이 들었고
한 사람은 구름 속에 길을 잃고 있지만
그때는 그랬어,
향이 타는 강원에서 찻물이 우러나는 동안
멀미하는 것처럼 가슴이 차오르고
고요는 그윽하여 물속 같았어

충청북도 보은군 속리산이라
세속을 떠났는가
떠나자는 것인가
돌아와 다시 찾은 법주사 마당에는
누가 언제 심었겠지, 벽오동 나무
하늘대는 어린 잎 연두색 그늘

허락해야 할 때

내가 먼저 손을 내밀어야지
오그렸던 주먹을 폈다
밀린 안부를 물으면서
숨결도 여울처럼 낮게 흘렀다
움킨 손바닥에 땀이 흥건하도록
힘줄이 당기고 쥐가 나도록
나 오랫동안 막혀 있었구나
퍼렇게 일어서는 손등의 핏줄
참 오랫동안 떨고 있었구나
죽도록 지키고 싶은 건 무엇이었는가
제대로 지키기는 했는가
열 손가락 가지런히 정한 그늘에 펴면
주름살마다 패인 미망의 시간
이제는 손을 잡아 허락해야 할 때
광막한 궁창 어느 낯선 곳이라도
순하게 나를 풀어 보내야 할 때

나 거기 갔었어

대리석 깔린 포도를 밟고, 나 거기 갔었어
해일 같은 봄날을 두 발로 으깨면서
모래바람 사정없이 꽃잎을 휩쓰는
이방의 어지럼증에 안개처럼 떠서

살아 걷는 골목 지구의 중심에
나도 거기 있었어
길 잃으면 금세 변방이 되는
온 바다에 뜬다는 붉은 달을 찾아서
두 눈에 새기려고 셔터를 눌러 댔지

정남향 대장간엔 쇳물이 끓고
햇살이 송곳처럼 꽂히는 정오
눈부신 하늘땅이 이런 것인가
옛일이 아냐, 바로 오늘이야
나 쓸쓸히 회상하고 싶진 않아

가고 오는 일

눈벌판이라면 질러서 온다
칼로 베듯 금을 긋고 이별할 수 없어서
얼음판에 죽은 듯이 엎드렸다가
그래도 봄은 온다, 꽃들은 핀다
불면 꺼지는 이슬이라도
별의별 훼방에도 올 사람은 온다

가슴팍 짚수세미 들쑤셔 놓고
저승 사람 되었다는 헛소문에 시달리며
수삼 년 제삿밥을 얻어먹더니
귀신인가 사람인가 이제 돌아오다니
눈감고 바라본다, 가고 오는 일
왔다가도 어쩌랴 갈 사람은 간다

폭설

언제부터 꿈꾸던 나라인가
짐작할 수 없는 밤의 깊이
아찔한 저 밑바닥에서부터
하늘까지 울리는 장엄한 코러스
어찌 이리 안락하게 감싸면서 오는가
나를 엎드려 순종하게 하는 시간
회리바람 같은 것은 이제 불지 않는다

다만 푸짐하게
아무 기척도 자랑도 없이
거대한 붓으로 단숨에 칠하듯이
그리하여 몽땅 점령하듯이
물감이 풀어져 번지는 화판
구별 없이 이대로
푸근하게 모처럼
우리는 지금 한통속이다

움집에 파묻히듯 갇혀 있어도
내일 아침 큰일 하나 저지를 것 같다

죽을 때까지

아직도 시를 씁니까
요즘 같은 세상에도 시를 씁니까
불쌍한 나를 참을 수 없다는 듯
한심한 듯 그들은 물었다

대답하였다,
당연하지 않은가
'죽을 때까지'
그러나 미련한 시비를 그가 들을까 봐
듣고서 섭섭히 돌아설까 봐
속으로는 조마조마하였다
'죽을 때까지'

아직도 그 사람을 사랑하세요?
믿을 수 없다는 듯 물어올 때도
나는 대답할 것이다
가다듬은 목소리로
다시는 묻지 말아요,

'죽을 때까지'

우리 사이 영원을 모를지라도
그 말의 두려움을 나는 알고 있다
죽을 때까지 지겹도록
아, 죽을 때까지

스무 살

스무 살만 되면 시작하리
신호만 울려라, 내달리는 선수처럼
소설보다 슬프고 절절한 사랑
요술 같은 그 날을 목 빼고 기다렸다

갈가마귀 깃털처럼 검푸르던 머리칼
바람에 함부로 헝클어지게 두고
꽃가지 입에 물고 파도치는 가슴
화살처럼 날아가리, 다짐하였다

기다리던 날들은 더디더디 오지만
풀물을 번지면서 천천히 타올라라
흐르는 세월이 나를 주저앉히고
불꽃은 삭아서 식은 재가 된단다

오기는 했었는가, 언제 지나갔는가
슬퍼도 좋은 사랑 있기나 한 것인가
스무 살은 천지간 아무 데도 없고

마파람에 종적 없이 사라져버렸다

나 지금 다시 기다릴 수 있는지
번쩍번쩍 손을 들고 대답할 수 있을는지
스무 살에 대하여
스무 살 안개 같은 연애에 대하여

눈 내리다

몇만 리를 내려오고 있을까
큰 나라 하나 조용히 이주하고 있다
점점 가볍게 점점 더 멀고 깊게
마른 삭정이처럼 부스러져서
천천히 숨을 골라 허공을 들이켠다

혹은 떨림같이
혹은 울음같이
가슴에 한 치 두 치 고이는 정밀
살아 있는 것들은 그 앞에 은순히 엎드렸다

눈은 비워 둔 장원의 주인처럼 돌아와서
얼마나 크고 서늘한 시선으로
나를 포박하는지
손목 하나, 눈썹 한 올 까딱할 수 없다
지금 나는 아무것도 아는 게 없다

11월에

벌써 가느냐고 말하지 말아야지
어리석게 망설이며 엉거주춤하는 동안
가을이 익숙하게 깊어졌을 뿐이다

설령 악수하고 이내 이별하더라도
단풍나무 잎사귀 같은 손목을 들어
바람에 맡기듯 흔들어야지
햇살도 신작로를 지긋이 덮는다
하얗게, 아주 너그럽게

비로소 혼자구나,
나 돌아왔구나
긴 밤을 깨어 있어 충만한 지금
풍경처럼 허리 낮춰 깊은 절을 하듯이
천천히 송사를 읊조릴 수 있겠다

하루하루

마지막 남은 노트의 한 장을
함부로 구기거나 버리지 않겠습니다
첫 장을 펼치던 날의 설렘
그 순결로
하루하루 가슴에 새기겠습니다
봄은 호화로워 분에 넘쳤고
여름은 허물없이 너그러웠습니다
탱자나무 울타리 수척한 햇살이
기우뚱한 바람에 저무는 거리에서
다시 만날 수 있을까요
나직이 이름을 부르겠습니다
헐벗은 나무들은 아무런 불평도 없이
축복처럼 나부끼는 눈발을 향해
순종의 두 팔을 천천히 흔듭니다
마지막이란 다시 시작한다는 말
나는 등잔마다 그리움을 채웁니다
섣달 하루하루 아까운 숨결을
성일처럼 경건히 불 밝히고 있습니다

구경꾼

구경꾼처럼 편한 자리는 없으려니 했다
팔짱이나 끼고 어슬렁거리면
만고에 탈이 없는 줄 알았다

사막이 되고 싶어 타오르는 대낮
가뭄과 홍수와 풍화작용과
산천이 되고 싶어 흩날리는 바람 속에
텃새는 목 터져라 시절을 우짖고
나는 떠돌이처럼 기웃거린다

천지사방 낯선 변두리에서
어디 기대어 눈을 붙일까
말이 좋아 구경이지
구겨진 가슴으로 주저앉을 때가 있다
거기서 발 뻗고 울고 싶은 때가 있다
구경꾼이 되는 것처럼 슬픈 일은 없다

선달의 거리

좁은 어깨를 웅크리고 걸었다
잉크가 채 마르지 않은 새해의 달력을
소중한 각오처럼 옆구리에 끼고
눌러 삼켰던 숨을 안개처럼 내뿜으면
저무는 도시가 요령처럼 흔들리고
화이트크리스마스 울적한 캐럴
박자를 맞추려고 애를 쓰며 걸었다

돌아갈 집이 있다는 것이
왜 이렇게 가슴을 굽이치게 하는지
돌이킬 수 없는 숱한 날들은
왜 또 이렇게 가슴을 서늘하게 하는지
휩쓸리는 바람에 나뒹구는 후회
잎을 다 떨어뜨리고도 만세를 부르는
은행나무 아래에 서서
아스라한 희망 하나 다시 생각하다가
어지러운 세상에 무얼 자꾸 바라랴

마을버스를 기다린다
흐린 하늘이 곧 눈을 내릴 것 같다

세월

한 시 반 때를 가만있지 않는구나
동남풍 아니면 서북풍 불고
무너지는 순간마다 천둥소리로
지구는 타 죽을 듯 해를 쫓아가다가
눈먼 벼랑 끝에 짐을 풀어 놓는구나

진종일 서 있다가 서서 자는 나무들도
관다발로 하루 종일 피를 퍼 올려
머리칼 쇠는구나
쇠어서 우수수 떨어지는구나

홀로 익어 떨어지는 작은 씨앗과
두 손 모아 피어나는 꽃봉오리들
걸핏하면 무슨 일이 터지는 밤낮
너나없이 입 다물고 흐르는구나

어찌하면 좋을까
옛날에 불을 켜둔 한 가지 약속
심지도 거지반 되어 가는구나

내가 없다

눈을 씻고 보아도 이름이 없다
벌써 잊었는가, 버렸는가
다 알면서도 잘라 냈는가
살기가 그만큼 팍팍했는가
나 때문에 섭섭하고 괴로웠는가
우리가 촉망 중에 놓쳐 버린 시간이
굽이굽이 샛강으로 흘렀다 해도
그래도 그렇지
눈을 씻고 보아도 이름이 없다
내가 없다

삭제할까요

'삭제할까요?'
정색을 하고 물었다, 그리고 덧붙였다
'이후 복구는 불가능합니다'
영영 어둠 속에 파묻겠느냐고
돌이킬 수 없는 파국이라고
이것으로 끝이라고 말하고 싶었겠지

나는 다급하게
'아니오' 를 눌렀다
그가 다시 물었다
'저장할까요?'

비좁은 가슴을 쓸어내리며
'다른 이름으로 저장' 하였다
지금까지와는 생판 다른 이름
아주 어색한 이름이면 어때
내 살처럼 스며서 들키지 않을
들켜도 덤덤하여 탈이 없을 이름

그렇다, 나는 다른 이름으로
저장하였다

하기야 이제 와서 무엇에 쓰겠는가만
그러나 버릇으로 저장하였다
'삭제할까요?'
자다가도 놀라서 진저리를 친다

‘자기 돌아보기’ 의 긴 여정, 이편에 서서

— 이향아의 『온유에게』에 덧붙여

장 경 렬

(문학평론가 · 서울대 영문과 교수)

1. 삶의 한가운데서

지난 2010년 가을 활판인쇄의 고풍스러운 멋을 살린 도서출판 시월의 시집 몇 권을 한꺼번에 받았는데, 그 가운데 한 권이 이향아 시인의 『아지랑이가 있는 집』이었다. 이번에 발간될 이 시인의 시집 『온유에게』의 원고를 받아 첫 수록 작품인 「식판을 들고」를 읽는 도중, 문득 이전의 시집이 기억에 떠올라 이를 서가에서 꺼내 펼쳐 들었다. 그리고 그때 읽은 시 가운데 한 편인 「아지랑이가 있는 집」을 찾았다. 이 시에서 감지되던 ‘자기 돌아보기’ 의 시적 분위기를 「식판을 들고」

에서도 또렷하게 느낄 수 있었기 때문이다. 당시 평자는 이 시에서 시인이 삶을 향해 주는 진지한 성찰의 눈길을, 삶에 대한 성찰이 일깨운 시인의 마음속 깊은 울림을 감지할 수 있었는데, 그때의 느낌을 기억 속에 떠올리며 다시 한 번 「아지랑이가 있는 집」을 읽어 보았다.

집에는 내 부끄러운 풍속이 있다
밥통 같은
간장종지 같은
요강단지 같은
집에는 부스러진 내 비늘이 있다
머리카락 같은
손톱 같은
살비듬 같은
집에는 내 아지랑이가 있다
빨주노초파남보 세어 보는 색깔
집에는 슬픈 껍데기 얼룩진 콧물
그보다 치사한 인정이 있다
집에는 내 냄새가
고집이 있다
앉아서 돌이 되는 집념이 있다

— 이향아, 「아지랑이가 있는 집」 전문

그해 겨울 문예지 『유심』에 기고한 글에서 평자는 시인이 "풍속"도, "비늘"도, "냄새"도, 그리고 "아지랑이"도 "내" 것이라 말하고 있음에 주목하면서, 이 시에 대해 다음과 같은 작품 읽기를 시도한 바 있다. " '나' 라는 단어가 반복됨은 집이 '나' 만의 공간이라는 암시를 강하게 준다는 점" 에서 볼 때 "「아지랑이가 있는 집」의 집은 '나 개인의 안식의 공간' 으로 읽힐 수도 있다. 이는 물론 물리적 공간을 뛰어넘어 존재하는 정신의 공간을 지시하는 것일 수 있다. 이처럼 정신의 공간을 지시하는 것이라면, 집은 다름 아닌 시인 고유의 공간이라 할 수 있는 '시인 고유의 시 세계' 를 암시하는 것일 수도 있다. 말하자면, '아지랑이가 있는 집' 은 곧 시인에게 시인만이 간직하고 있는 시적 공간일 수도 있고, 나아가 시인의 시집 자체를 말하는 것일 수도 있다. 그런 의미에서 본다면, 『아지랑이가 있는 집』이라는 시집 자체가 곧 시인에게 '아지랑이가 있는 집' 인지도 모른다. 그리고 '빨주노초파남보 세어 보는 색깔' 의 무지개처럼 시인에게 아름답게 느껴지는 시 세계, 그 의미가 쉽게 잡힐 듯하나 결코 쉽게 잡히지 않는 '아지랑이' 와도 같은 시 세계를 말하는 것일 수 있으리라."

이어서 평자는 다음과 같이 시 읽기를 계속했다. "집이 무엇을 지시하든, '부끄러운 풍속' 을 설명하는 말에서 시인이 열거한 '밥통' 과 '간장종지' 와 '요강단지' 가 김수영 시인의 '그러나/ 요강, 망건, 장죽, 종묘상, 장전, 구리개, 약방, 신전,/ 피혁점, 곰보, 애꾸, 애 못 낳는 여자, 무식쟁이,/ 이 무수한 반동이 좋다' (「거대한 뿌리」)라는 구절을 새삼 떠오르게 하는 이유는 무엇일까. '전통은 아무리/ 더러운 전통이라도 좋다' 는 김수영 시인의 말 때문일까. 그 말이 '풍속은 아무리 부끄러운 풍속이라도 좋다' 는 너그러운 긍정의 마음을 우리

내부에 싹트게 하는 것은 아닌지? 어쨌거나, 따뜻하고 친근한 느낌을 주는 것이 「아지랑이가 있는 집」의 앞부분을 장식하고 있는 '부끄러운 풍속' 을 설명하는 데 시인이 동원한 세간들—남에게 보이기 부끄럽지만 그렇다고 해서 쉽게 내칠 수 없는 자잘하지만 나름대로 소중한 세간들—이다. 비록 시인의 입장에서 보면 부끄러워 보이기를 꺼려하는 것이라 하더라도, 사람들이 따뜻한 긍정의 눈길로 바라보고는 짐짓 못 본 척 고개를 돌릴 수 있는 것들이 바로 그러한 세간 아니겠는가. 그리하여, '아지랑이가 있는 집' 을 채우고 있는 '밥통 같은/ 간장종지 같은/ 요강단지 같은' 시인의 '부끄러운 풍속' 이 시인에게는 부끄럽게 느껴질지 몰라도, 누구도 이를 보고 흉을 보지 않을 것이다. 어디 그뿐이랴. 시인의 '비늘' 도, '슬픈 껍데기' 도, '얼룩진 콧물' 도, '치사한 인정' 도, '냄새' 도, '고집' 도, 그것이 구체적으로 무엇을 말하든 모두 따뜻하고 친근하게 느껴지기는 마찬가지다. 누구도 이를 들먹이며 시인을 흉보지 않을 것이다!"

이 같은 논의에 이어 평자는 "시인은 시인 자신의 마음—시각을 달리하면, 시인에게 또 하나의 '집' 일 수 있는 시인 자신의 마음—을 채우고 있는 '풍속' 과 '비늘' 과 '슬픈 껍데기' 와 '얼룩진 콧물' 과 '치사한 인정' 과 '냄새' 와 '고집' 을 부끄럽지만 부끄러움을 무릅쓰고 사람들에게 '시를 통해' 보여 주고 있는지도 모른다." 고 논의한 바 있다. 그리고 "시인이 자신의 '집' 에 무엇이 있는가를 보여 주자, '부끄러워할 것이 없다' 고 정답게 말을 건네며 시인의 어깨를 다독이는 독자들의 모습" 이 평자의 마음에 떠오르기도 함을 말하기도 했다. 바로 이처럼 부끄러운 자신의 모습을 가감 없이 있는 그대로 드러내고 있는 또 한 편의 작품이 「식판을 들고」다.

식판을 들고 줄을 서서 기다릴 때면
아무짝에도 소용이 없는,
진실로 하찮은 나를 만난다
더구나 그것이 돈을 받지 않는 공짜 밥일 때
소비에트 수용소
이반 데니소비치를 생각한다

그가 몰래 감추어 둔 200g의 빵을
천하에 부러울 것 없는
그의 행복을 생각한다
거기 대면 황제도 부럽지 않건만
왜 이렇게 마뜩치 않은가
겨우 밥을 먹기 위하여 서 있는 육신
밥이나 먹으려고 목을 빼는 정신
왜 이렇게 공복감은 때마다 와서
빈 그릇을 들고 차례를 기다리는 우리들은
너나없이 수용소의 무기수일 뿐
출옥할 날짜를 안들 무슨 소용 있으랴
다만 온순하게 복역 중이라는 걸 알게 된다

누웠든 앉았든 줄을 섰든 어쨌든

나는 언제나 식판을 들고 있다
줄을 서서 기다린다

—「식판을 들고」 전문

단체 급식이 이루어지는 곳에서라면 으레 눈에 띄는 것이 식판을 들고 줄을 서서 기다리는 사람들의 모습일 것이다. 추측건대, 우리 가운데 그처럼 식판을 들고 줄을 서서 기다리는 일을 경험하지 않은 사람은 아마도 없을 것이다. 하지만 식판을 들고 줄을 서서 기다리는 동안 자신의 현재 모습을 놓고 깊은 생각에 잠겨 본 사람은 많지 않을 것이다. 아니, 극히 드물 것이다. 무엇보다 "육신"의 "공복감"이 "정신"의 "공복감"을 압도하는 그런 때이기에. 그런 의미에서 보면, 이 시에서 확인할 수 있는 시인의 '자기 돌아보기'는 예외적인 것이라 할 수 있다. 아니, 일상의 삶을 살아가는 과정에 깊은 상념에 잠기는 시인의 모습이 전혀 낯설지 않은 이향아의 시 세계에서 이는 결코 예외적인 것이 아니리라 .

「식판을 들고」는 시인의 다음과 같은 고백으로 시작된다. "식판을 들고 줄을 서서 기다릴 때면/ 아무짝에도 소용이 없는,/ 진실로 하찮은 나를 만난다." 시인이 이처럼 "아무짝에도 소용이 없는,/ 진실로 하찮은" 존재로 자신을 폄하하는 이유는 무엇인가. 그 이유는 제2연에서 확인할 수 있는데, "겨우 밥을 먹기 위하여 서 있는 육신/ 밥이나 먹으려고 목을 빼는 정신"을 새삼 의식하게 되었기 때문이다. 여기서 우리는 시인이 "육신"과 "정신"을 나누는 동시에 그 경계를 허물고 있음을 감지할 수 있다. 이와 관련하여, 우리는 밥이 육신을 위한 것인가, 아니면 정신을 위한 것인가라는 물음을 던질 수도 있으리라. 물론 일차적으로 밥은 육신을 위한 것이다. 하지만 육신이 제 기능을 할 때 정신도 비로소 제 기능을 할 수 있다는 점에서 보면 밥은 또한 정신을 위한 것일 수도 있다. 요컨대, 육신과 정신은 나누기 어려운 '하나' 일 수 있다. 문제는, 밥에 대한 육신의 요구가 생물적이고 즉각적인 것이라면, 밥에 대한 정신의 요구에는 때로 의지意志가 반영된다는 데 있다. 이와 관련하여, 시인이 "서 있는 육신" 과 "목을 빼는 정신" 이라는 표현을 사용하고 있음에 유의하기 바란다. 명백히, '서다' 보다는 '목을 빼다' 가 좀 더 적극적인 의지의 개입을 암시하는 표현으로, 사실 우리가 때로 "공복감" 에도 불구하고 밥을 거부함은 바로 이 의지 때문이다. 또한 정신이 '목을 빼고' 밥을 기다리면서도 다른 한편으로 그런 자신의 모습에 편치 않은 눈길을 보낸다면, 이 역시 의지의 개입에 의한 것으로 볼 수 있다. 시인이 이 시에서 자신의 모습을 돌아보는 것은 이처럼 생물적 욕구에 '저항하여' 또는 '반反하여' 움직이는 의지가 있기 때문이리라. 하기야 이 같은 의지의 개입과 이에 따른 정신의 활동이 없다면 어찌 인간에게 문화라는 것이 가능했겠는가. 어찌 보면, 의지의 개입과 정신의 활동이 이루어지고 있음을 보여 주는 것이, 이로 인해 밥에 대한 육신의 요구 또는 "공복감" 에 대해 시인이 성찰하는 기회를 갖고 있음을 보여 주는 것이 「식판을 들고」라는 시일 수 있다. 이렇게 말할 수도 있겠다. '배부른 돼지가 되는 것' 과

'배고픈 소크라테스가 되는 것' 사이에 선 인간의 모습을 보여 주는 것이 「식판을 들고」라는 시라고 말이다.

사실 이 문제는 그처럼 간단한 것이 아닐 수 있는데, 이와 관련하여 시인이 "소비에트 수용소/ 이반 데니소비치"의 이야기를 끌어들이고 있음에 유의하기 바란다. 러시아의 작가 솔제니친의 『이반 데니소비치의 하루』를 보면, 조국을 배신한 간첩 혐의로 강제 수용소에 갇힌 이반 데니소비치는 감추어 놓은 빵이 있는 데다가 다른 죄수의 몫을 포함하여 두 그릇의 수프를 확보하게 된 데 더할 수 없이 행복해한다. 과연 그가 느끼는 행복감을 어떻게 이해해야 할까. 또한 "그의 행복"에 비하면 "황제도 부럽지 않건만/ 왜 이렇게 마뜩치 않은가" 라는 시인의 자문自問은 어떻게 이해해야 할까. 우선 이반 데니소비치는 '배부른 돼지'가 되는 일조차 쉽지 않은 상황에 처해 있음을 주목해야 할 것이다. 그런 상황이기에 이반 데니소비치에게는 '배부른 돼지'가 되는 것만으로도 행복할 수 있다. 이 같은 문제적인 상황에 처해 있지 않는 한, 그러니까 "황제도 부럽지 않"은 상황에 처해 있다고 생각하는 한, 시인을 포함한 그 어떤 인간도 '배부른 돼지'가 되는 일이 마뜩치 않을 수밖에 없다. 시인이 새삼스럽게 "식판을 들고 줄을 서서 기다"리는 자신의 모습을 마뜩치 않아 하는 것은 이 때문이다.

문제는 시인이 자신의 현재 상황조차 "수용소"와 다를 바 없는 것으로 이해하고 있다는 점이다. "때마다" 찾아오는 "공복감"으로 인해 "빈 그릇을 들고 차례를 기다리는 우리들은/

너나없이 수용소의 무기수일 뿐"이라는 시적 진술은 우리네 삶의 현장 자체가 "수용소"라는 인식을 담은 것으로, 이로써 자신의 현실 상황이 이반 데니소비치가 처한 수용소의 상황과 다를 바 없다는 시인의 판단이 드러난다. 사실 인간이 처한 상황이 '감옥'이라는 인식은 결코 새로운 것이 아니다. 원죄原罪에서 벗어날 수 없는 것이 인간이라는 기독교적 세계관이나 업보業報에서 자유로울 수 없는 것이 인간이라는 불교적 세계관 모두 삶 자체를 일종의 '감옥'으로 인식한다는 점에서는 다를 바 없다. "출옥할 날짜를 안들" 아무런 소용도 없는 삶을 살아가는 것, "빈 그릇을 들고 차례를 기다리는" 그런 삶을 살아가는 것, "다만 온순하게 복역 중"인 삶을 살아가는 것, 그것이 자신에게 주어진 삶의 조건임을 시인은 새삼스럽게 깨닫고 있는 것이다.

어찌 보면, "누웠든 앉았든 줄을 섰든 어쨌든/ 나는 언제나 식판을 들고 있"는 존재임을, 그것도 "줄을 서서 기다"리는 존재임을 "식판을 들고 줄을 서서 기다"리는 도중 깨닫는 일이야 특별할 것이 없는 것일 수도 있다. 시인 정지용이 「향수」에서 동원한 표현을 빌리자면, "아무러치도 않고 예쁠 것도 없는" 깨달음일 수도 있다. 하지만 이는 결코 아무에게나 주어지는 깨달음이 아니다. 아울러, 예민한 감성과 활달한 상상력을 지닌 이들이 시인이긴 하나, 이 같은 깨달음이 모든 시인에게 가능한 것도 아니다. 모르긴 해도, 이향아와 같이 일상의 삶을 향해 진지하고 깊은 자기 성찰의 눈길을 오랜 세월 유지해 온 시인에게만 가능한 것이리라.

2. 세월의 이편에 서서

평자가 이향아는 일상의 삶을 향해 깊고 진지한 자기 성찰의 눈길을 오랜 세월 유지해 온 시인이라 판단함은 단순히 「아지랑이가 있는 집」과 「식판을 들고」라는 작품에서 감지되는 일관된 시적 정조 때문만이 아니다. "시집 열여섯 권에서 선정한 시들"(『아지랑이가 있는 집』, 책머리에)인 100편의 작품이 수록된 시선집 『아지랑이가 있는 집』이 증명하듯, 평자가 확인한 바에 따르면 나날의 삶 속에서 자기 성찰을 이어가는 시인의 눈길은 항상 여일하다. 이 같은 눈길의 여일함을 이번 시집 『온유에게』에서도 확인할 수 있거니와, 특히 이번 시집에서는 공자가 종심소욕불유거[七十而從心所欲不踰矩]라는 표현을 사용하여 설명한 일흔의 나이를 넘어서서 그 후반의 삶을 살아가면서도 변함없이 자기 성찰의 눈길을 늦추지 않는 시인의 모습이 돋보인다. 마음이 원하는 대로 행해도 규범에 어긋나는 일이 없다 일컬어지는 나이를 넘어서서도 자신의 흠결을 돌아볼 만큼 매사에 진지하기란 쉽지 않다. 시인들도 여기서 예외가 아닌데, 자신의 흠결을 돌아보기보다는 '자기 바깥' 의 세상을 초월과 관조의 눈길로 느긋하게 바라보는 경향이 이 나이 대의 시인들을 지배하고 있다 해도 지나친 말이 아닐 것이다. 그런 면에서 볼 때, 이향아는 예외적인 시인이라 하지 않을 수 없거니와, 『온유에게』에서도 시인은 여전히 자신의 흠결을 스스럼없이 돌아보고 이에 대해 깊은 상념에 잠긴다. 그러한 시인의 모습을 확인케 하는 작품 가운데 평자가 무엇보다 주목하고자 하는 것은 「영동 3교」다.

저렇게 옴짝달싹 막혀 있는 걸 보면
아침 여덟 시 혹은 아홉 시
문을 열 시간들이 가까웠나 보다
오늘은 더구나 월요일
죽전에서 분당, 내곡터널을 지나
성수교로 청량리로 뻗치는 핏줄
내 팔다리에 쥐가 나고 저릴 때면 으레
서울 시내 큰길들도 막혀 있다

펄펄하던 친구가 관상동맥을 뚫었다는데
정신은 아직 멀쩡해도, 누워 있어야 한다는데
이른 아침 안개를 쓰고 밀리는 차들이
눈에 불을 켜고 기다리는 영동 3교
나는 베란다 창문으로 내다보면서
고지혈증 하루 한 알
카듀엣을 삼킨다
내 온몸을 점령한 적체된 찌꺼기가
이제는 쓸데없이 거리로 나가
저렇게 여러 사람을 고생시키나 보다

—「영동 3교」 전문

시인은 "베란다 창문"을 통해 "영동 3교"를 내다본다. 그 순간 "영동 3교" 위의 도로가 "옴짝달싹 막혀 있는 걸" 보고 "아침 여덟 시 혹은 아홉 시/ 문을 열 시간들이 가까웠나 보다"라고 생각한다. 시계를 보지 않더라도 시간을 알 수 있는 것이다. 사실 아침녘 "서울 시내"의 "큰길들"은, 그것도 "월요일" 아침녘의 "큰길들"은 어디를 가나 막혀 있지 않은 곳이 드물 것이다. 흥미로운 것은 길이 막힌 것을 보고 시인이 "문을 열 시간이 가까웠나 보다"라고 판단한다는 점이다. 하기야 한쪽이 열리면 다른 한쪽은 막히거나 닫히는 것이 인간사의 이치리라. 혹시 이처럼 한쪽의 열림이 다른 한쪽의 막힘을 이끈다는 사실이 시인의 잠재의식을 일깨운 것 아닐까. 어찌 보면, 나이가 듦에 따라 연륜이 깊어진다 말할 때 이 말의 저변에 놓인 것은 바로 이 같은 열림과 막힘 또는 닫힘의 논리일 수 있다. 나이가 들어 지혜로워진다는 것은 정신의 눈이 밝아지는 것을 뜻한다. 하지만 나이가 들면 육신의 눈은 어두워지게 마련이다. 즉 정신의 문이 열림에 비례해서 육신의 문은 닫히기 시작한다. 의식적으로든 무의식적으로든 이에 대한 깨달음을 반영하는 것이 이 시의 시작 부분 아닐까.

아무튼, 시인은 도시의 길—예컨대 "죽전에서 분당, 내곡터널을 지나/ 성수교로 청량리로" 이어지는 길—을 "핏줄"에 비유한다. 하지만 시인이 길을 핏줄에 비유하는 것은 길에 대한 비유적 묘사 그 자체에만 목적이 있는 것이 아니다. 이는 길을 핏줄에 비유할 수 있듯 핏줄도 길에 비유할 수 있음을 말하기 위한 일종의 예비적 수사修辭라는 점에서 그러하다. 말하자면, 원관념tenor과 보조관념vehicle을 설정한 다음 역逆도 진眞일 수 있음을 말하기 위한 것, 그럼으로써 길의 상황에 대한 묘사와 몸의 상태에 대한 묘사 사이의 경계를 무화無

化하고 이를 통해 양쪽을 모두 현장감 있게 드러내기 위한 것, 그것이 시인의 수사 전략일 수 있다. 달리 말해, '길(원관념)은 핏줄(보조관념)' 이라는 진술과 '핏줄(원관념)은 길(보조관념)' 이라는 진술을 제1연에 함께 담는 것, 이를 통해 양쪽 진술의 효과를 동시에 극대화하는 것, 여기서 시인의 의도를 찾을 수도 있다. 이와 관련하여, "내 팔다리에 쥐가 나고 저릴 때" 라는 구절을 주목하기 바란다. 우리식으로 표현하자면, 아마도 "팔다리에 쥐가 나고 저릴 때" 가 시인에게 찾아온다는 것은 나이를 먹어 육신의 문이 조금씩 닫히기 시작함을 암시하는 것일 수 있으리라. 아니, 직설적으로 표현하자면 '쥐가 나고 저리다' 는 말은 몸속의 피가 원활하게 흐르지 않음을 뜻한다. 시인은 이처럼 몸속의 피가 원활하게 흐르지 않는 상태를 가시화可視化하기 위해 길이 막혀 있는 상황을 동원하고 있는 것이리라. 이와 동시에, 길이 막힌 상황의 답답함을 극적으로 드러내 보이기 위해 몸속의 피가 원활하게 흐르지 않는 상태를 일깨우고 있는 것이리라. 요컨대 "영동 3교" 의 교통 체증에 대한 묘사는 시인이 느끼는 자신의 몸 상태를 가시화한 것이라면, 시인이 느끼는 자신의 몸 상태에 대한 암시는 "영동 3교" 의 답답한 상황을 사적私的이지만 객관적 현실로 전하기 위한 것일 수 있다. 시인이 느끼는 몸 상태는 의학적으로 객관적인 것일 수도 있지만 자신의 몸과 관련하여 느끼는 주관적인 것일 수 있다는 점에서 보면, 자신의 몸에 대한 느낌을 "막혀 있는" 길에 비유하여 드러내는 것은 엘리엇이 말하는 '객관적 상관물the objective correlative' 을 찾는 수

사 전략의 한 예일 수 있다.

이렇듯 제1연의 시적 진술은 길이 막혀 있는 상황을 이야기하는 데서 한 걸음 더 나아가, 길이 막혀 있는 상황과 같은 시인의 건강 상태를 드러내기 위한 것이라 할 수 있다. 시인이 한때 "펄펄하던" 친구의 모습을 떠올리는 제2연의 시적 진술도 이와 같은 관점에서 설명할 수 있다. 제2연의 도입부에서 시인은 우선 "관상동맥을 뚫"는 수술을 받고는 "정신은 아직 멀쩡해도,/ 누워 있어야" 하는 친구의 모습을 떠올린다. 길에 비유하자면, 막힌 길을 원활하게 통하도록 공사를 한 셈이다. 하지만 이 같은 공사에도 불구하고 여전히 막혀 있는 길과 다를 바 없는 것이 친구의 건강 상태다. 말하자면, "이른 아침 안개를 쓰고 밀리는 차들이/ 눈에 불을 켜고 기다리는 영동 3교"의 상황과 다를 바 없는 것이 친구의 건강 상태인 것이다. 이와 동시에, 친구의 건강 상태와 다름 없는 것이 좀처럼 나아질 기미를 보이지 않은 "영동 3교"의 상황이다. 서로가 서로의 의미를 강화하는 이러한 상황에 어찌 시인의 마음이 편할 수 있겠는가. "고지혈증 하루 한 알/ 카듀엣을 삼"키는 행위는 단지 몸의 건강만을 위한 것이 아니리라. 편치 않은 마음을 달래기 위한 것, 또는 마음의 건강을 위한 것이기도 하리라.

아마도 여기서 시가 끝났더라면 「영동 3교」는 삶의 현장을 돌아보고 이에 반응하는 시인의 내면을 전하는 작품에 머물렀으리라. 하지만 시인은 제2연의 마지막 부분에 3행의 시적 발언을 덧붙임으로써 이 시 자체를 깊은 자기 성찰의 작품으로 만들고 있다. 이 부분에서 시인은 길을 핏줄에 비유하고 핏줄을 길에 비유하는 데서 한 걸음 더 나아가, 사람들을 "옴짝달싹" 도 못하게 하는 교통 체증의 원인이 다름 아닌 자기 자신일 수 있다 말한다. "내 온몸을 점령한 적체된 찌꺼기가/ 이제는 쓸데없이 거리로 나가/ 저렇게 여러 사람을 고생시키나 보다." 논리적으로야 이는 물론 가당치 않은 진술이다. 하지만 비유적으로 보면 '내 탓이오' 를 끊임없이 되뇌는 경건한 신자의 모습을 떠올리게 하는 발언이기도 하다. '내 탓이오' 라는 말은 'mea culpa' 라는 라틴어 표현을 우리말로 바꾼 것으로, 이 표현을 축어적으로 번역하면 '나의 잘못' 이 된다. 이런 관점에서 보면, "내 온몸을 점령한 적체된 찌꺼기" 는 시인이 이제까지 살아오는 동안 자신이 저질렀다고 스스로 자책하는 온갖 잘못을 지칭하는 표현일 수 있다. 하지만 그 때문에 길이 막혀 "저렇게 여러 사람을 고생시키나 보다" 라니? 과장이 감지되지 않은가. 여기서 시인은 이른바 '나비효과' 를 생각하고 있는지도 모른다. 정녕코, 나비의 날갯짓과 다름없는 사소한 나의 잘못 하나가 누군가의 삶을 고통스러운 것으로 만들 수도 있다는 생각은 결코 과장이라는 이름 아래 폄하될 수 있는 성질의 것이 아니다. 어찌 보면, 매사에 진지하고 깊은 자기 성찰의 마음을 잃지 않는 지극히 겸손한 인간이 지닐 법한 마음가짐을 드러내는 것이 제2연의 마지막 3행일 수 있다.

위에서 평자는 "팔다리에 쥐가 나고 저릴 때" 란 나이를 먹어 육신의 문이 조금씩 닫히는 것을 암시하는 것일 수도 있다 말한 바 있다. 또한 나이를 먹으면 그만큼 더 정신의 문이 열린다 말하기도 했다. 그리고 연륜과 함께 정신의 눈이 밝아진다 말하기도 했다. 어찌 보면, 환하게 열린 정신의 눈으로 아주 작은 일상사의 한 단면을 바라보는 시인의 모습을 담고 있는 작품이 「유통기한」이다.

> 말이야 한마디씩 잊어버려도 돼
> 쓰레기가 되기 전 제 발로 나간다면
> 차라리 홀가분하지 않은가
>
> 유통기한이 지난 토마토케첩, 마요네즈소스
> 아까운 들기름을 버리면서 망설였다
> 오래된 것들과 동거하기 좋아하는 나는
> 제 사용 한도를 짐작이나 하고 있는지 몰라
>
> 잊어버린 말에 짓눌리고
> 버려도 되는 것에 가슴 에이다니
> 그럼 헤어지기 좋은 때란 있는 것인가
> 돌아서고 돌려세우기
> 왜 이리 어려운지 모르겠다

—「유통기한」 전문

이 시의 주제는 '잊어버림' 또는 '버림'의 문제로, 시인은 말과 사물의 병치를 통해 이 문제에 대한 사유를 이어 간다. 시인은 먼저 "말이야 한마디씩 잊어버려도 돼"라고 말한다. 사실 말은 입 밖으로 나오는 순간 허공으로 사라진다. 입 밖으로 나온 나의 말은 내 곁에 쌓이지 않는다. 물론 기록할 수도 있고 녹음할 수도 있지만, 이는 예외적인 것일 뿐 나의 말은 내 곁에 남아 쌓이지 않는다. 시인의 표현을 빌리자면, 말은 "쓰레기가 되기 전 제 발로 나간다". 우선 이 시의 제1연은 이상과 같이 읽힌다. 이어서 제2연은 내가 소유하는 물건들은 나의 소유물이 되어 내 곁에 남아 쌓임을 이야기하는 것으로 읽힌다. 예컨대 "유통기한이 지난 토마토케첩, 마요네즈소스/ 아까운 들기름" 조차 내 곁에 남아 쌓이듯. "오래된 것들과 동거하기 좋아하는 나" 에게는 특히 그렇다. 쓰레기가 되어 버려야 하는 순간에도 여전히 망설이기 때문이다. 말이 그러하듯, 물건도 "쓰레기가 되기 전 제 발로 나간다면", "버리면서 망설" 이지 않아도 될 텐데.

하지만 제3연은 이상과 같은 독해가 과연 타당한 것인지를 의심케 하는 말로 시작된다. 만일 "말" 이 "쓰레기가 되기 전 제 발로 나간다면", 무엇 때문에 시인이 "잊어버린 말에 짓눌리" 겠는가. 다시 묻자면, "유통기한이 지난 토마토케첩, 마요네즈소스/ 아까운 들기름" 처럼 "버려도 되는 것에 가슴 에이" 듯, 시인이 "(이미) 잊어버린 말에 짓눌리" 는 이유는 무엇일까. 이 같은 의문으로 인해 우리는 최소한 제1연에 대한 독해를 다시 시도하지 않을 수 없다. 무엇보다 제3연의 압력을 받아 제1연의 진술 "말이야 한마디씩 잊어버려도 돼" 는 일종의 반어(反語, irony)로 다시 읽힐 수 있는데, 이 진술은 잊어버릴 수 없는 것을 애써 잊어버리려 하는 시인의 마음을 반어적으로 드러내는 것 아닐까. 우리가 무언가의 일 때문에 깊은 상처를 받고서도 '에이, 그까짓 것 뭐' 라고 내뱉듯. 말하자면, 일종의 자기최면을 걸기 위한 반어일 수 있다. 이렇게 읽는 경우, "쓰레기가 되기 전 제 발로 나간다면/ 차라리 홀가분하지 않은가" 라는 시적 발언에 대해서도 새로운 읽기가 가능해진다. 만일 말이야 물건과 달리 내 곁에 남아 쌓이는 것이 아니라면, 이는 "쓰레기가 되기 전 제 발로 나" 갈 수 있는 것 아닌가. 하지만 "말" 이란 잊어버렸다 단언해도 잊히지 않은 채, 또는 잊어버리고 싶은 말은 때로 잊히지 않은 채, 기억의 공간에 남아 말한 이를 짓누르는 그 무엇이 아닐까. 요컨대, 현실적으로는 "말" 은 쉽게 잊을 수 없는 것이기에 그 때문에 시인이 느끼는 "홀가분하지 않은" 바로 그 마음을 시인은 "말이야 한마디씩 잊어버려도 돼" 라는 반어적 발언에 담고 있는 것이 아닐지?

「유통기한」은 쉽게 다가가고 이해할 수 있는 작품 같아 보이지만, 이상과 같이 '되짚어 새로운 의미 읽기' 를 이끄는 작품이라는 점에서 결코 쉬운 내용의 시가 아니다. 그렇다면, 시인이 이 시를 이처럼 '되짚어 다시 읽기' 를 독자에게 요구할 만큼 복잡한 구조의 작품으로 만든 이유는 무엇일까. 물론 그처럼 복잡한 구조의 작품을 만든 것은 시인의 의식이 아니라 무의식일 수도 있거니와, '잊어버림' 또는 '버림' 의 문제에 직면하여 시인이 느끼는 절실한 마음이 무의식의 차원에서 작용하고 있는 것으로 볼 수도 있으리라. 즉 "유통기한" 이 지난 "토마토케첩" 등과 같은 사소한 물건조차 "버리면서 망설" 이는데, 어찌 말과의 관계를 쉽게 정리할 수 있겠는가. 바로 이 같은 시인의 마음에서 비롯된 것이 이 시일 수 있다. 다시 말해, 말은 물건처럼 남아 쌓이지 않기 때문에 쉽게 잊어버릴 수 있을 것 같지만, 실제로는 '잊어버리기가 얼마나 어려운 것이 말인가' 라는 고백을 담고 있는 시가 바로 「유통기한」일 수 있다. 요컨대, 이 시에서 우리는 물건과 마찬가지로 말도 쉽게 잊어버리거나 버릴 수 없음에 괴로워하는 시인과 만날 수 있다. 바로 이 같은 마음을 시인은 "헤어지기 좋은 때란 있는 것인가" 로 요약하고 있다. 이어지는 "돌아서고 돌려세우기/ 왜 이리 어려운지 모르겠다" 라는 시인의 고백은 삶을 살아가며 우리 모두가 느낄 법한 후회와 미련의 마음을 더할 수 없이 곡진曲盡하게 전하고 있거니와, 「유통기한」이 깊은 자기 성찰의 시임은 이 때문이다.

하지만 "돌아서고 돌려세우기/ 왜 이리 어려운지 모르겠다" 는 시인의 고백을 더할 수 없이 곡진한 것으로 만드는 데 결정적인 역할을 하는 것은 다름 아닌 제2연의 마지막 두 행이다. 이와 관련하여, 제2연에 대한 의미 읽기를 되풀이하기로 하자. 살다 보면 우리 곁에는 "유통기한이 지난 토마토케첩, 마요네즈소스/ 아까운 들기름" 과 같은 것들이 생기게 마련이다. 유통기한이 지난 것을 확인하고 사람들은 때로 과감하게 버린 다음 곧 잊기도 하지만, 때로 시인처럼 "버리면서 망설" 이기도 한다. 망설인다는 것은 이리저리 생각에 잠긴다는 말로, 이 같은 망설임이 시인을 삶에 대한 좀 더 깊은 성찰로 이끈다. 이와 관련하여, 우리는 시인이 혼자 중얼거리듯 이어 가는 말인 "나는/ 제 사용 한도를 짐작이나 하고 있는지 몰라"라는 구절에 주목하지 않을 수 없다. 이는 나이 듦을 의식하는 사람이라면 누구나 입에 올릴 법한 말이지만, 실제로는 누구도 입에 올리기를 꺼려하는 말이기도 하다. 아니, 막연하게나마 자신의 몸과 마음은 "사용 한도"에 이르려면 아직 멀었다 생각할 것이다. 또는 아직은 "사용 한도"를 따질 때가 아니라 생각할 것이다. 만에 하나 그럴 때가 되었다고 생각하는 사람이 있다 하자. 그렇더라도 "유통기한이 지난 토마토케첩, 마요네즈소스"나 "들기름"이 빌미가 되어 그런 생각을 하는 사람은 아마 없을 것이다. 도대체 '존귀하신 자신'을 "토마토케첩"이든 "마요네즈소스"든 "들기름"이든 사소한 일상의 물건들과 동일한 차원에서 바라볼 수도 있다는 데 생각이 미칠 사람이 어디 있겠는가! 비록 유통기한이 지난 물건들이 '아깝다' 생각하는 경우에도 그것들과 자신을 동일한 눈높이에서 바라보려 하지는 않을 것이다. 그런데 시인은 놀랍게도 이처럼 사소한 일상의 물건들과 자신을 동일한 눈높이에서 바라보고 있는 것이다! 물건들의 "유통기한"을 생각하며 "제 사용 한도"를 생각함이 이를 증명한다. 정녕코, "제 사용 한도"를 일상의 사소한 물건들의 "유통기한"과 동일한 눈높이에서 바라보고 생각하는 일은 아무에게나 가능한 것이 아니다. 연륜이 허락한 겸손의 마음이 없다면, 아니, 자신을 낮추고 또 낮춰도 거리낄 것이 없도록 한 인간을 이끄는 타고난 겸손의 마음이 없다면, 이 같은 자기 낮춤은 결코 가능한 것이 아니리라. "헤어지기 좋은 때란 있는 것인가/ 돌아서고 돌려세우기/ 왜 이리 어려운지 모르겠다"라는 시의 마지막 진술이 독자에게 더할 수 없이 깊은 마음의 울림을 준다면, "제 사용 한도"에 대해서도 스스럼없이 상념을 이어 가는 시인의 진솔한 마음이 있기 때문이다.

3. "온유"의 삶과 시를 위해

이제까지 검토한 바와 같이, 평자는 『온유에게』에서 자신의 일상사를 돌아보는 시인의 모습뿐만 아니라 세월의 이편에 서서 현재 자신의 삶에 성찰의 눈길을 던지는 시인의 모습을 확인할 수 있었다. 아울러, 이번 시집에서 평자는 그 옛날 과거를 아쉬워하는 마음으로 되돌아보는 시인의 모습까지 읽을 수 있었다. "스무 살만 되면 시작하리/ 신호만 울려라, 내달리는 선수처럼/ 소설보다 슬프고 절절한 사랑/ 요술 같은 그 날을 목 빼고 기다렸"지만 "스무 살은 천지간 아무 데도 없고/ 마파람에 종적 없이 사라져 버렸"음을 아쉬워하는 시인의 마음을 담은 「스무 살」이 이를 환하게 밝혀 보여 주는 예가 될 것이다. 한 걸음 더 나아가, 『온유에게』에서 평자는 나이 듦의 의미를 놓고 깊은 상념에 잠기면서도 이에 저항하는 시인의 모습까지 읽을 수 있었다. 예컨대, 「퇴행성입니다」와 같은 시를 읽어 보라. "아무개가 미쳤단다, 소문이 널리겠지/ 기어코 미치고야 말겠지,/ 정말로 깔보겠지,/ 그러다가 죽겠지/ 죽기 전에 벌써 죽고 없겠지"라는 아프고 슬픈 상념에 빠져들면서도 "신경정신과 병원"의 "간판"을 "그냥 못 본 척 씩씩하게 지나"가는 시인, "퇴행성을 넘어서 활개 치며 전진"하는 시인의 모습에 갈채를 보내고 싶지 않은가!

이처럼 때로 아픈 상념에 저항하는 사인의 마음을 담고 있기에, 『온유에게』를 감싸는 시적 분위기는 때로 환하고 따뜻하다. 아마도 『온유에게』를 이 같은 시적 분위기로 감싸이게 하는 데 적극적인 역할을 하는 시가 있다면, 이는 이번 시집에 표제를 제공한 작품인 「온유에게」일 것이다.

교실 맨 앞에, 태극기와 나란히
'온유溫柔' 라는 급훈부터 진하게 내걸었다
이제 막 큰 바다로 돛을 올리며
나를 순전하게 타이르는 말
춥고 외로웠던 그 시절의 불빛

막다른 벼랑에서 짐승을 만났을 때
자다가도 쫓기어 몸부림칠 때
온유여, 그대 홀로 견딜 수 있는지
'험산을 잘라다가 바다를 메우자' 고
남들은 소리소리 기염을 토하는데
진실로 괜찮은지 의심도 하면서

알고 있는가,
겨울이 깊어 갈수록
닫힌 문들을 더 굳게 잠갔어도
얼어붙은 땅 은밀한 깊이

거기서는 무슨 일이 일어나고 있는가를

밀물참 개펄의 도요새처럼
윤삼월 반짝이는 대추나무 새잎처럼
밝아 오는 창문 앞에 눈을 감고서
두 손바닥 오그려 햇살을 받는다
거기 담기는 노래의 곡조를
이제야 조금씩 알 것도 같은
해도 이미 홍얼홍얼 저무는 들판에서
온유여, 그대는 아직 무사하신가

—「온유에게」 전문

"이제 막 큰 바다로 돛을 올리며"라는 구절에 비춰 추측해 보건대, 이 시의 제1연에서 시인은 교사로 근무하던 시절의 일을, 그것도 부임 초기의 일을 떠올리고 있는 것이리라. 『아지랑이가 있는 집』에 수록된 연보에 따르면, 시인은 1963년 2월 대학을 졸업한 다음 그해 4월 전주 기전여자고등학교에 부임했다 한다. 아마도 그 무렵 시인은 담임을 맡게 된 학급의 급훈을 "온유溫柔"로 정하고, 이를 종이에 써서든 액자에 담아서든 "교실 맨 앞에, 태극기와 나란히" 걸어 놓았던 것이리라. 이는 물론 학생들을 위한 교훈의 말이었지만, "나를 순전하게 타이르는 말/ 춥고 외로웠던 그 시절의 불빛"이라는 구절이 암시하듯 자기 자신에게 주는 교훈의 말이었던 것으로 보이기도 한다. 하지만 제2연이 암시하듯 시인이 이 교훈의 말에 절대적인 확신을 갖고 있었던 것은 아니었으리라.

"온유"는 위기의 상황에 힘이 되어 줄 수 있는 말도 아닌데다가, 동시에 "험산을 잘라다가 바다를 메우자"와 같이 "기염을 토하는" 말도 아니기 때문이다. 이처럼 언뜻 보기에 힘이 없어 보이는 말임에도 시인이 이를 특히 소중하게 여긴 이유는 무엇일까? 이 시의 제3연은 시인이 이해한 바의 "온유"의 의미를 더할 수 없이 깔끔하게 응축하고 있거니와, 여기서 우리는 그 동안 시인 이향아에게 삶뿐만 아니라 시의 원동력이 되었던 것이 무엇인지를 일별할 수 있을 듯도 하다. 정녕코, 제3연에 담긴 온유에 대한 시인의 이해 자체가 "온유"를 온유하게 설명함으로써 온유한 설명이 지닐 법한 온유한 힘을, 온유하기에 더욱 강력한 힘을 더할 수 없이 설득력 있게 전달한다.

어찌 보면, "춥고 외로웠던 그 시절"의 시인에게는 삶의 화두와도 같았던 물음이 "겨울이 깊어 갈수록/ 닫힌 문들을 더 굳게 잠갔어도/ 얼어붙은 땅 은밀한 깊이/ 거기서는 무슨 일이 일어나고 있는가"였을 것이다. 그리고 시인이 찾은 답이 "온유"였으리라. 그리고 "춥고 외로웠던 그 시절" 또는 "겨울"이 지나고 이제 온유의 시간이 시인에게 와 있음을 암시하는 것이 제4연의 앞부분이다. "밀물참 개펄의 도요새처럼/ 윤삼월 반짝이는 대추나무 새잎처럼/ 밝아 오는 창문 앞에 눈을 감고서/ 두 손바닥 오그려 햇살을 받는다." 더할 수 없이 포근하고 따뜻한 느낌의 이 시적 진술이 전하는 것은 온유의 빛에 감싸인 시인의 모습이다. 온유의 빛에 감싸여 시인은 말한다. "거기 담기는 노래의 곡조를/ 이제야 조금씩 알

것도 같"다고. 앞서 우리는 나이가 들면서 연륜이 깊어지고 이에 따라 정신의 눈이 더욱 환하게 열린다 말한 바 있거니와, "이제야 조금씩 알 것도 같"다라는 말 자체가 그와 같은 깨달음의 경지를 향해 다가가는 시인의 모습을, 그것도 온유하고 겸손한 마음으로 "조금씩" 다가가는 시인의 모습을 보여 주는 것일 수 있으리라. 명백히 "해도 이미 홍얼홍얼 저무는 들판"은 인생의 황혼기를 암시하는 말로, 여기서 우리는 자신의 나이를 의식하는 시인의 모습을 읽을 수도 있다. 그리고 무엇보다 "홍얼홍얼"이라는 표현을 통해 인생의 황혼기를 편안하고 즐거운 마음으로 맞이하는 시인의 모습을 읽을 수도 있다. 이제 편안하고 즐거운 마음으로 시인은 묻는다. "온유여, 그대는 아직 무사하신가." 어떤 의미에서 보면, 「온유에게」라는 시 자체—나아가, 『온유에게』라는 시집 자체—가 아직 온유가 무사함을 보여 주는 증거, 그것도 생생하게 살아 무사함을 보여 주는 증거라 하지 않을 수 없으리라.

어떤가. 「온유에게」에서 온유의 따뜻하고 밝은 빛과 함께 은근한 힘이 감지되지 않는가. 사실 이향아의 시 세계 전체를 한마디의 말로 아우르고자 할 때 더할 수 없이 적절한 말이 다름 아닌 "온유"라는 것이 평자의 판단이다. 말 그대로 "겨울이 깊어 갈수록/ 닫힌 문들을 더 굳게 잠갔어도/ 얼어붙은 땅 은밀한 깊이/ 거기서는 무슨 일이 일어나고 있는가"를 섬세하게 밝혀 보여 주는 것이 이향아의 시 세계 아닐까. 세월의 겨울이 깊고 사람들이 닫힌 마음의 문을 더욱 굳게 잠가 온 세상이 얼어붙은 땅과 같을 때, 그러한 땅속에서 한 알의

씨앗이 언 땅을 밀어내고 새싹을 피워 올리듯 시의 새싹을 피워 올리는 일을 여일하게 이어 온 시인이 이향아이리라.

이향아의 『온유에게』에는 시인의 온유한 마음을 감지케 할 뿐만 아니라 온유하기에 그만큼 은근하면서도 곡진한 시인의 열정을 감지케 하는 작품들이 적지 않다. 아마도 "살아 있는 오늘"을 긍정하고 "아직은 꿈을 꾸기 좋은 때"임을 노래하는 시인의 온유한 마음이 담긴 「꿈을 꾸기 좋은 때」가, 그리고 "당신이 놓거나 내가 놓치거나/ 뿌리 없는 연기처럼 길을 잃는 일/ 꿈에라도 그런 일은 없을 것"임을 힘주어 말하는 동시에 "지금 어지러운 황홀에 잠겨서/ 날개 펴 얼 바쳐 춤을 추고 있"음을 고백하는 시인의 은근한 열정이 담긴 「연」이 이를 대표하는 예들이리라. 어디 그뿐이랴. "파장의 하늘 끝에 피를 쏟는 구름/ 참지 못할 울음처럼 피어나는 노을"에서 "눈부신 슬픔"을 읽는 「아름다운 슬픔」도, "죽은 담에야 무슨 소용 있겠"느냐만 "사철 푸르기란 힘에 부쳐서/ 돌아설 때 돌아서는/ 꽃이 이울면 잎도 지는/ 낙엽수 한 그루만 심어 달라"는 소박한 부탁을 담고 있는 「나무 한 그루만」도, "아직도 시를 씁니까"나 "아직도 그 사람을 사랑하세요"라는 물음에 "죽을 때까지"라는 답변을 되풀이하겠다는 시인의 마음을 담은 「죽을 때까지」도 모두 온유하기에 그만큼 쉽게 식지 않은 힘과 열정, 은근하지만 강한 힘과 열정을 감지케 하는 예사롭지 않은 작품들이다.

이제 짧지 않은 평자의 논의를 마감할 때가 되었다. 끝으로 온유하기에 그만큼 매사에 신중하고 조심스러운 시인의 마음가짐을 엿보게 하는 한 편의 시를 읽는 것으로 평자의 논의를 끝맺기로 하자.

> 준비!
> 총소리가 터졌다
> 날아가든 추락하든
> 둘 중 하나다
>
> 숨 쉬기도 두려운 살얼음판에서
> 지금 오직 사무치는 생각은
> 어떻게 추락할 것인가
> 헝클어진 난장의 쑥대밭에 떨어져도
> 다시 일어설 때는
> 옆모습 가지런히 몸을 반쯤 비켜야지
> 초승 지난 달처럼 푸근하게
> 그렇다고 실없이 번지지는 말고
> 오로지 그것 때문에
> 자나 깨나 고달프게 연습하는 중이다
>
> —「어떻게 추락할 것인가」 전문

"숨 쉬기도 두려운 살얼음판"과 같은 세상에서 삶을 살아가는 일이란 비유적으로 말해 "날아가든 추락하든/ 둘 중 하나"의 과정을 이행하는 것이리라. 또는 날다가 종래는 추락할 수밖에 없는 것이 우리네 삶의 여정이리라. 이때의 "추락"은 그리스신화의 이카로스가 맞이하는 결정적인 것일 수도 있지만, 삶의 다반사일 수도 있으리라. 일이 뜻대로 되지 않아 실패를 자인해야 하는 추락의 순간이 우리네 삶에는 헤아릴 수 없이 많지 않은가. 아울러, 추락을 맛보아야 비로소 새로운 비상이 약속되는 법 아닌가. 따라서 추락을 하더라도 우아하게 일어서는 법을 배우는 것이 우리 모두에게 필요하다. 그리하여 시인은 말한다. 추락하더라도 "실없이 번지지" 말자고. "헝클어진 난장의 쑥대밭에 떨어져도/ 다시 일어설 때는" "초승 지난 달처럼 푸근하게" "옆모습 가지런히 몸을 반쯤 비켜야"겠다고. 온유함을 뛰어넘어 조신한 시인의 마음가짐을 감지케 하는 이 시는 실로 많은 사람들에게 전하는 삶의 조언이라 하지 않을 수 없다. 우아하게 일어서는 법을 터득하기 위해 "자나 깨나 고달프게 연습하는 중"이라지만, 바라건대 시인 이향아에게 삶의 과정에서든 시 창작의 과정에서든 추락이 없이 비상만이 계속 이어지기를!

시인 이향아

충남 서천 출생, 전북 군산에서 성장.
1963~6년『현대문학』추천으로 문단에 오른 후, 시집『어머니 큰산』등 19권과 시선집『아지랑이가 있는 집』,『안부만 묻습니다』를 펴냈다. 그밖에 영역시집『In A Seed』, 수필집『종이배』등 15권과 문학이론서『창작의 아름다움』,『시의 이론과 실제』등 7권이 있다.
시문학상 · 광주문학상 · 윤동주문학상 · 한국문학상 · 미당시맥상 · 창조문예상 등 수상. 호남대학교 교수로 정년퇴임하였다.

E-Mail : poetry202@daum.net

온유에게

지은이 | 이향아
펴낸이 | 김재돈
펴낸곳 | 도서출판 시와시학
1판1쇄 | 2014년 11월 15일
출판등록 | 2010년 8월 10일
등록번호 | 제2010-000036호
주소 | 서울 종로구 명륜동1가 42
전화 | 744-0110
FAX | 3672-2674
값 10,000원

ISBN 978-89-94889-83-2 03810